Sammlung Luchterhand 515

84

Pablo Neruda

Chile, mein Land
Gedichte und Bilder

Herausgegeben von
Federico Schopf

Luchterhand

Originalausgabe
Sammlung Luchterhand Bildbuch, Februar 1984

Lektorat: Klaus Siblewski
Gestaltung: Kalle Giese, Darmstadt
Gesamtherstellung bei der
Druck- und Verlags-Gesellschaft mbH,
Darmstadt
ISBN 3-472-68515-5

Inhalt

I

9 Die australe Erde
11 Vorgebeugt*
13 Das Haus
15 Die Schale Blut
19 Der Nachtzug
22 Reisegefährten
25 Das Lied der Verzweiflung

II

31 Toter Galopp
33 Düsteres System
35 Das Gespenst des Frachtschiffs
39 Der Süden des Ozeans
43 Abschlägig
45 Zugang zum Holz
49 Statut des Weins

III

54 Vereinigung unter neuen Bannern
57 Die Höhen von Macchu Picchu (Fragmente)
Himmelsstrich*
58 Straßen des Winters*
60 Wie Mais*
61 Großer Tod*
62 Macchu Picchu*
63 Wirrer Glanz*

64 Steig auf*
67 Die Wüste
68 Nocturno
69 Hymne und Heimkehr
71 Atacama
73 Tocopilla
75 Hunger im Süden
77 Der große Ozean
79 Die Früchte der Erde
81 Ode an die Vögel Chiles
86 Ode an die Hoffnung
88 Ode an das Holz

IV

94 Fragt mich nicht
97 Hier leben wir
99 Der Wanderer kehrte zurück
103 Es gibt kein reines Licht
105 Umstürze
109 Stelldichein mit dem Winter
113 Patagonien
117 Die Masken
118 Verzeiht, wenn durch meine Augen

V

120 Nobelpreisrede (Fragment)
121 Nachbemerkung
127 Die Quellen

Die mit * gekennzeichneten Titel sind keine Originaltitel

I

Die australe Erde

Die große Grenze. Vom
Bío-Bíostrom
bis Reloncaví,
an
Renaico vorbei, an Selva Oscura,
Pillanlelbúm, Lautaro,
und weiter fort die Rebhuhneier,
die dichten Moosgewächse der Wildnis,
die Blätter im Humus,
durchsichtig
– nichts als feine Nerven –
die Spinnen
mit graubraunen Haaren,
eine Schlange
wie ein Schauder
quert die dunkle Lagune,
glitzert,
verschwindet,
die Funde
im Wald,
das Verirren
unter
der Wölbung, dem Schiff,
die Finsternis des Urwalds,
ziellos
und winzig klein, mit Beute beladen,
mit Früchten, mit Federn,
lauf ich verloren
im dunkelsten
Eingeweide des Grün:
es pfeifen glaziale Vögel,
fallen läßt ein Baum,

was da fliegt und mir
auf den Kopf fällt.

Ich bin verlassen
in der heimatlichen Wildnis,
im tiefen
schwarzen Araukanien.
Schwingen sind da,
die das Schweigen mit Scheren durchschneiden,
ein Tropfen fällt dort
schwer und kalt wie
ein Hufeisen herab.
Es ertönt und verstummt der Wald:
er schweigt, wenn ich lausche,
er tönt, wenn ich schlafe,
die erschöpften Füße
begrab ich
im Moder
von alten Blumen, im Tod
von Vögeln, Blättern und Früchten,
blind und verzweifelt,
bis aufschimmert ein Punkt:
es ist ein Haus.

Ich lebe von neuem.
Aber, seit damals nur,
seit den verirrten Schritten,
der wirren Einsamkeit, der Angst,
den Schlinggewächsen,
dem grünen Untergang, ausweglosem,
kam ich mit dem Geheimnis zurück:
nur damals, nur dort konnt ich es wissen,
am steilen Ufer des Fiebers,
dort, in dem düsteren Licht,
entschied sich mein Pakt
mit der Erde.

Vorgebeugt*

Vorgebeugt werfe ich abends meine trüben Netze aus
nach deinen ozeanischen Augen.

Dort reckt sich und brennt, himmelhoch lodernd,
meine Einsamkeit, die mit den Armen um sich schlägt
wie ein Ertrinkender.

Rote Zeichen mache ich über deinen abwesenden
Augen,
die Wellen werfen wie das Meer am Saum eines
Leuchtturms.

Du verharrst bloß in Finsternis, Weib, mir fern und mein,
aus deinem Blick taucht zuweilen die Küste des
Grauens auf.

Vorgebeugt werfe ich abends meine trüben Netze aus
aufs Meer, das deine ozeanischen Augen hin und her
treibt.

Das Haus

Mein Haus, die Wände, deren frisch geschlagenes
junges Holz noch duftet: ein unwohnliches Haus
an der Grenze, das knarrte
bei jedem Schritt, heulte und mit dem Wind, dem
kriegerischen,
der australen Wetter, zum Element
des Sturmes wurde, unbekannter Vogel,
unter dessen Eisgefieder mein Gesang erwuchs.
Schatten sah ich, Gesichter, die Pflanzen gleich
rings um meine Wurzeln wuchsen, Verwandte,
die im Schatten eines Baumes Lieder sangen
und zwischen dampfenden Pferden schwätzten,
im Dunkel verborgene Frauen,
verlassen von den männlichen Turmgestalten,
wilde Ritte, die peitschten das Licht,
seltene
Nächte des Zorns, Hunde, die heulten.
Mein Vater, im dunklen Morgendämmern
der Erde, zu welchen verlorenen Archipelen
rollte er in seinen heulenden Eisenbahnzügen hin?
Später liebte ich im Rauch den Kohlenruch,
die Maschinenöle, die vereisten Präzisionsachsen
und den mächtigen Zug, der wie eine stolze Raupe
den über die Erde sich breitenden Winter querte.
Plötzlich schlugen die Türen:
Es ist mein Vater.
Ihn umringen die Streckenarbeiter:
Eisenbahner in ihren durchnäßten Mänteln,
Dunst und Regen überfielen mit ihnen
das Haus, der Eßraum füllte sich mit heiseren
Geschichten, man leerte die Gläser,

und bis zu mir gelangten von jenen Wesen, einer
abgesonderten
Schranke gleich, in der die Schmerzen lebten,
die Sorgen, die düster drohenden
Narben, Menschen ohne Geld,
die erzene Klaue der Armut.

Die Schale Blut

Wenn ich von weit her zurückkehre und im außergewöhnlichen Zufall der Züge, wie unsere Vorfahren auf dem Pferd, äußerlich schlafend mich in ausschließlich mir Gehöriges vertiefe, dann sehe ich durch das Schwarz der Jahre, es ganz, wie eine beschneite Kletterpflanze durchziehend, ein patriotisches Gefühl, einen barbarischen Trikolore-Wind an meiner Investitur: Ich gehöre einem Stück armseligen australen, nach Araukanien hin gelegenen Land, mein Tun entstammt den entlegensten Uhren, als besäße diese waldreiche und ständig verregnete Erde ein Geheimnis von mir, das ich nicht kenne und doch erfahren muß, das ich, lange Ströme, unvorstellbare Vegetationen, Berge von Holz, südliche Meere durchforschend, mich in die Botanik und in den Regen vertiefend, hilflos und blind suche, ohne doch anzukommen bei jener bevorzugten Gischt, die die Wellen abwerfen und brechen, ohne anzukommen bei diesem Meter besonderer Erde, ohne meinen wahren Sand zu berühren. Wenn dann der nächtliche Zug mit heftigem Getöse in Holz- oder Kohle-Verladehöfe einfährt, als wäre er mitten im nächtlichen Meer gegen ein Riff gebraust, fühle ich mich klein und wie ein Schüler werden, ein Kind in der Kälte der südlichen Zone, mit den Schulgebäuden am Rand des Dorfes und auf dem Herzen die großen Wälder des Südens der Welt.

Ich gehe in einen Hof, sehr schwarz gekleidet, ich trage eine Poetenkrawatte, alle meine männlichen Verwandten sind dort versammelt, alle sind riesig, Gitarren und Messer unter dem Baum, Lieder, rasch unterbrochen vom herben Wein. Und dann schneiden sie einem zukkenden Lamm die Kehle auf und halten mir unter Schüssen und Liedern eine von Blut brennende Schale an den

Mund, und ich fühle mich hinsterben wie das Lamm, und ich möchte auch ein Zentaur sein, und bleich, unschlüssig, verloren inmitten der öden Kindheit, hebe ich die Schale und trinke das Blut.
Vor kurzem ist mein Vater gestorben, ein durchaus profanes Ereignis, und dennoch hat sich etwas religiös Totenfeierliches an seinem Grab begeben, und der Augenblick ist gekommen, es mitzuteilen. Einige Wochen darauf starb auch meine Mutter, und damit beide nebeneinander ruhen konnten, brachten wir den toten Herrn aus seiner Grabnische in eine andere. Mittags gingen wir mit meinem Bruder und einigen Eisenbahnerfreunden des Verstorbenen hin, ließen die bereits versiegelte und einzementierte Nische öffnen und zogen den Sarg heraus, der schon voll Schimmel war, und darauf ein Palmzweig mit schwarzen, erloschenen Blumen: die Feuchtigkeit dieser Zone hatte den Sarg gespalten, und als wir ihn herunterhoben von seinem Platz, sahen wir, ohne daß ich glauben konnte, was ich sah, Unmengen Wasser aus ihm herausfließen. Mengen wie endlose Liter, die ihm, die seiner Substanz entströmten.
Aber alles klärt sich auf. Dieses tragische Wasser war der Regen, Regen vielleicht eines einzigen Tages, womöglich einer einzigen Stunde unseres südlichen Winters, und dieser Regen hatte Dächer und Balustraden, Ziegel und andere Materialien und andere Tote durchquert, bis er in das Grab meines Vaters gelangte. Nun gut, dieses schreckliche Wasser, dieses Wasser, das aus einem unmöglichen, unergründlichen, unheimlichen Versteck hervorgekommen war, um mir sein wie ein Sturzbach sich ergießendes Geheimnis zu zeigen, dieses ursprüngliche und gefürchtete Wasser verwies mich mit seinem geheimnisvollen Strömen einmal mehr auf meinen nicht endenden Zusammenhang mit einem bestimmten Leben, einer bestimmten Gegend, einem bestimmten Tod. (1943)

Der Nachtzug

O endloser Nachtzug
so oft
vom Süden zum Norden
zwischen durchnäßten Ponchos,
Getreiden,
Stiefeln, starr von Morast,
in der Dritten,
du entrolltest die Geographie.
Vielleicht nahm ich damals
die irdische Seite in Angriff,
lernte die Kilometer
des Rauchs,
die Erstreckung des Schweigens.

Wir kamen vorbei an Lautaro,
Steineichen, Weizenfelder, Erde
aus helltönendem Licht und siegreichem
Wasser:
die endlosen Schienen setzten fernhin sich fort,
weiter weg durcheilten die Pferde der Heimat
silberne
Weideflächen,
plötzlich
die hohe Brücke des Malleco,
zart
wie eine Geige
aus hellem Eisen,
danach die Nacht und dann
verfolgt der Nachtzug
zwischen den Weinbergen seinen Weg.
Ganz anders waren die Namen
nach San Rosendo,

wo zum Schlaf
alle Lokomotiven sich versammelten,
die des Ostens und des Westens,
die vom Bío Bío herkamen,
aus den Vorstädten,
vom verwahrlosten Hafen von Talcahuano her
bis zu denen, die gehüllt in grünen Dunst
die Gitarren herbrachten und den edlen Wein
von Rancagua.
Dort schliefen
Züge
am Knotenpunkt
rostig und grau von San Rosendo.

Ach, kleiner Student,
du begannst Zug
und Planet zu wechseln,
tratest in
fahle Dörfer aus Lehmziegeln ein,
gelben Staub und Trauben.
Bei der Ankunft des Zuges, Gesichter
anstelle der Zentauren,
sie banden nicht Pferde an sondern Wagen,
erste Automobile.
Es wurde sanfter die Welt
und als
ich zurückblickte,
regnete es,
verlor sich meine Kindheit.
Einlief der krachende Zug
in Santiago de Chile, der Hauptstadt,
und schon waren die Bäume mir genommen,
die Handkoffer wurden
von bleichen Gesichtern heruntergetragen
und zum ersten Mal sah ich

die Hände des Zynismus:
ich drang in die Menge, die gewann oder verlor,
ich legte mich schlafen in ein Bett,
das nicht lernte auf mich zu warten,
ich schlief erschöpft wie Holz,
und wenn ich erwachte,
fühlte ich einen Schmerz von Regen:
etwas trennte mich von meinem Blut
und beim Hinausgehen, erschreckt von
der Straße,
wußte ich, weil ich blutete,
man hatte mir die Wurzeln abgeschnitten.

Reisegefährten
(1921)

Dann kam ich in die von Nebel und Regen
verschwommen durchnäßte Hauptstadt.
Was waren das für Straßen?
Die Kleider von 1921 wimmelten
in einem widerlichen Geruch von Gas, Kaffee und
Ziegelstein umher.

Ich verbrachte unter den Studenten, ohne zu begreifen,
die Zeit;
mich hinter Wänden verschließend, suchte ich
am Abend in meiner armseligen Dichtung
die Blütenzweige,
die Regentropfen und den Mond,
die sich verloren hatten.
Ich wandte mich ihrem Grunde zu, versenkte
jeden Abend mich in ihre Wasser, mich an unfaßbare
Reize klammernd, Sturmmöwen eines verlassenen
Meers,
bis zum Augenschließen und Scheitern inmitten
meiner eigenen Substanz.
Waren es Finsternisse, waren es
feuchte verborgene Blätter nur des Unterirdischen?
Mit welch kranker Materie streute der Tod sich aus,
bis er meine Glieder berührte, mein Lächeln lenkte
und in den Straßen einen unglückseligen Brunnenschacht
höhlte?

Zu leben, trat ich hinaus: Ich wuchs, und gehärtet
ging ich durch die Elendsgassen
fühllos, an den Grenzen des Wahnsinns
singend. Die Mauern belebten mit Gesichtern sich.

Augen, die das Licht nicht sahen, wirbelnde Wasser,
die ein Verbrechen erhellte, Erbteil einsamen
Stolzes, Höhlen,
angefüllt mit vernichteten Herzen.
Mit ihnen war ich: allein in ihrem Chor, erkannte
meine Stimme die Einsamkeit,
in der sie geboren ward.

Mensch zu sein, trat ich,
zwischen Flammen singend, ein, aufgenommen
von Gefährten nächtlicher Herkunft,
die mit mir in den Schenken sangen
und mehr als eine Zuneigung mir schenkten,
mehr als einen von ihren feindseligen
Händen verteidigten Frühling,
einzige Flamme, der zerfallenen Vorstädte
wahrer Sproß.

Das Lied der Verzweiflung

Dein Bild entsteigt der Nacht, in der ich erinnernd hause.
Der Fluß verströmt ins Meer seine dauernde Klage.

Verlassen wie die Molen in früher Morgenstunde.
Es ist Zeit für den Abschied, ach, verlassen von allem!

Auf mein Herz fällt ein Regen erfrorner Blütenkronen.
Ach, Scherbengrube, Schreckenshöhle voller
Gestrandeter!

In dir häuften sich heillos die Kriege und die Flüge.
Dir entschwebten die Schwingen von Vögeln des
Gesanges.

Alles verschlangst du gierig, wie die saugende Ferne.
Wie das Meer, wie der Zeitlauf. Alles in dir war
Schiffbruch!

Es gab die frohe Stunde des Überfalls, des Kusses.
Die Stunde starren Staunens, hell glühend wie ein
Leuchtturm.

Angst eines Steuermannes, Wut eines blinden Tauchers,
trunkene Liebeswirrnis, alles in dir war Schiffbruch!

Im Kindheitsnebel meine Seele mit wunden Flügeln.
Irrgelaufner Entdecker, alles in dir war Schiffbruch!

Du schmiegtest dich ans Leiden, klammertest dich an
Sehnsucht,
die Schwermut riß dich nieder, alles in dir war
Schiffbruch!

Ich machte, daß die Mauer aus Schatten weichen mußte,
und überschritt die Grenzen von Begehren und Handeln.

O Fleisch von meinem Fleische, Weib, geliebt und verloren,
dich ruf ich an in dieser feuchten Stunde und singe.

Wie eine Vase bargst du die unendliche Zartheit,
unendliches Vergessen zerbrach dich, wie die Vase.

Da war die schwarze, schwarze Einsamkeit auf den Inseln,
und dort, Geliebte, dort umschlossen mich deine Arme.

Da waren Durst und Hunger, aber du warst die Frucht mir.
Da war Verfall und Trauer, und du warst mir das Wunder.

Ach, Weib, ich weiß nicht, wie du so fest mich halten konntest
am Erdgrund deiner Seele und am Kreuz deiner Arme.

Mein Verlangen nach dir war schrecklich und ohne Dauer,
ungebärdig und trunken, peinvoll drängend und gierig.

Totenacker und Küsse, noch flammt's aus deinen Gräbern,
noch glühen dort die Trauben, zerpickt von wilden Vögeln.
O zerbissener Mund, oh, die zerküßten Glieder,
oh, die hungrigen Zähne, oh, die verflochtnen Körper.

Oh, die verrückte Paarung von Hoffen und Bemühen,
in der wir uns verknoten und an uns selbst verzweifeln.

Und Zärtlichkeit, so leicht wie das Mehl und leicht
wie Wasser.
Und dann das Wort, nur zaghaft sich von den Lippen
lösend.

Dies alles war mein Schicksal, und mit ihm zog die
Sehnsucht
und ging mit ihm zugrunde, alles in dir war Schiffbruch!

O Scherbengrube, alles stürzte in deinen Abgrund.
Jedweder Schmerz entquoll dir, Schmerz hat dich
zugeschüttet.

Noch zwischen Sturz und Sturz hast du gelodert,
gesungen.
Aufrecht wie ein Matrose vorn am Bug eines Schiffes.

Blühtest noch auf in Liedern, brachst aus, dich wild
verströmend.
O Scherbengrube, bittres Brunnenloch, finster gähnend.

Blaßgrauer, blinder Taucher, glückloser
Schleuderschütze,
Irrgelaufner Entdecker, alles in dir war Schiffbruch!

Es ist Zeit für den Abschied, die harte kalte Stunde,
welche die Nacht fixiert hat auf jeder Fahrplantafel.

Des Meeres lauter Gürtel legt sich nun um die Küste.
Kalte Sterne erscheinen, schwarze Vögel entfliehen.

Verlassen wie die Molen in früher Morgenstunde.
Nur der zitternde Schatten krümmt sich in meinen Händen.

Ach, schon jenseits von allem. Ach, schon jenseits von allem.

Es ist Zeit für den Abschied. O verlassen, verlassen.

II

Toter Galopp

Wie Aschen, wie sich bevölkernde Meere
in versunkener Langsamkeit, im Ungestalten,
oder als hörte man von der Höhe der Wege
die Glockenschläge sich kreuzweis durchschneiden,
die diesen schon vom Metall gelösten Klang haben,
verworren, drückend, zu Staub werdend
in der nämlichen Mühle der allzu fernen,
der erinnerten oder nicht gesehenen Formen,
und der Duft der Pflaumen, die, auf die Erde rollend,
mit der Zeit verfaulen, unendlich grün.

Und das alles so reißend schnell, so lebendig
und dennoch unbeweglich in sich, wie die irre Blockrolle,
diese Räder von Motoren, letztlich.
Es ist da wie die harten Stiche in den Nähten des Baums,
schweigend ringsumher, dergestalt . . .
und alle Konturen seiner Enden mengend.
Aber woher, wohin, an welchem Ufer geschieht's?
Das stete ungewisse Kreisen, so stumm
wie der Flieder rings um das Kloster,
oder das Rühren des Todes an des Büffels Zunge,
der krachend niederbricht jäh, kraftabwärts,
und dessen Stoßhörner klingen wollen.

Darum im Unbewegten verharren, fühlen
alsdann, wie ungeheures Flattern oben,
wie tote Bienen oder Zahlen
was, ach, mein bleiches Herz zu fassen nicht vermag,
in der Menge, in unmerklich quellenden Tränen
und menschlichen Mühen, Mißgeschicken,
finsteren Taten, die sich plötzlich enthüllen
wie Eiseskälte, unermeßliche Verwirrung,

ozeanische, für mich, der da eintritt unter Gesang,
wie mit einem Schwert unter Schutzlose.
Gut denn, und woraus besteht dieses Hervorschwirren
von Tauben,
das da ist zwischen Nacht und Zeit wie eine feuchte
Klamm?
Dieser schon so lange währende Ton,
der, die Wege mit Steinen durchwirkend, hereinbricht,
vielmehr, so eine Stunde nur
unvermutet anwächst, unaufhörlich sich dehnt.

Tief im Ring des Sommers
einmal lauschen die großen Tropenkürbisse
und strecken, dunkel von schweren Tropfen,
ihre erregenden Ranken aus, dem entgegen,
was sie so sehr ersehnen, nach der Fülle.

Düsteres System

Von allen diesen Tagen, schwarz wie alte Eisenbrocken
und wie mächtge rote Büffel aufgerissen von der Sonne
und kaum gehalten von der Luft und von den Träumen
und unwiederbringlich und jäh vergangen,
nichts hat meinen zerrütteten Ursprung ersetzt,
und die ungleichen Maße, die in meinem Herzen kreisen,
sie setzen dort bei Tag und Nacht sich einsam fest
und erfassen traurige verworrne Größen.

So denn, wie ein Wachtturm fühllos und blind geworden,
ohne Glauben und zu schmerzlichem Spähen verdammt,
angesichts der Wand, der sich jeder Zeitentag verbindet,
neigen meine verschiedenen Gesichter sich einander zu
und verflechten sich,
großen bleichen schweren Blumen gleich,
für immer stellvertretend und tot.

Das Gespenst des Frachtschiffs

Entfernung, geflüchtet auf Rollen Schaums,
Salz in rituellen Wogen und nach bestimmten Regeln,
und ein Geräusch, ein Ruch nach altem Schiff,
nach fauligen Hölzern und zerfressenem Eisen
und müden Maschinen, die winseln und weinen,
den Bug vorwärtsstoßen, gegen die Flanken stampfen,
den Jammer zerkauen, die Entfernung schlucken und
schlucken,
Lärm bitteren Wassers auf den bitteren Wassern
hervorbringen
und das alte Schiff über die alten Wasser treiben.

Laderäume innen und dämmrige Stollen,
deren Dunkel nur der Tag der Häfen unterbricht:
Säcke und Säcke, die eine finstere Gottheit gehäuft
wie graue rundliche Tiere ohne Augen,

mit sanften grauen Ohren
und beachtlichen runden Bäuchen voller Kopra
und Korn,
empfindsame Leiber schwangerer Frauen,
die, ärmlich in Grau gekleidet, geduldig
im Dunkel warten auf einen schmerzlichen Film.

Auf einmal hört man außen
die Wasser vorüberspringen wie ein durchscheinendes
Pferd,
mit dem Lärm von Pferdefüßen im Wasser,
reißend schnell und wieder verschluckt von den Fluten.
Und dann wieder nichts als die Zeit in den Kojen:
unbeweglich und sichtbar wie ein großes Mißgeschick
die Zeit in dem öden unglückseligen Speisesaal.

Geruch nach völlig verbrauchtem Leder und Stoffen
und Zwiebeln und Öl und mehr noch,
Geruch von jemand, der in den Winkeln des Schiffes umherschwebt,
von jemand Namenlosem,
der wie eine Woge Luft die Treppe herabkommt
und mit abwesendem Leib durch die Gänge streift
und mit Augen umherspäht, die der Tod gewissentlich bewahrt.
Er schaut mit seinen farblosen blicklosen Augen
langsam umher und geht ohne Schatten, ohne Gegenwart bebend vorbei:
die Geräusche zerknittern ihn, die Dinge gehen durch ihn hindurch,
und die schmutzigen Stühle glänzen von seiner Transparenz.
Wer ist dieses Gespenst ohne Gespensterleib
mit Schritten leicht wie nächtliches Mehl
und einer Stimme, die nur durch die Dinge selber spricht?

Erfüllt von ihrem eigenen stummen Dasein, reisen die Möbel
wie winzige Kähne in dem alten großen Kahn,
mit ihrem vagen und eitlen Dasein befrachtet:
die Kleiderschränke, die grünen Tischbezüge,
die Farbe der Gardinen und des Bodens,
alles hat die weiche Leere seiner Hände erlitten,
und sein Atem hat die Dinge verbraucht.

Er schleift und gleitet vorüber, steigt hinunter, durchsichtig,
Luft in der kalten Luft, die über das Schiff streicht,
er stützt sich mit seinen verborgenen Händen auf die Reling

und starrt auf das bittere Meer, das hinter dem Schiff
entflieht.

Nur die Wasser weisen seine Macht zurück,
seine Farbe und seinen Ruch nach vergessenem
Gespenst,
kühl und abgründig entfalten sie ihren Tanz
wie Wesen aus Feuer, wie Blut oder Duft,
und sprudeln neu und stark hervor, einig und immer
wieder vereint.

Ohne je sich zu verbrauchen, ohne Gewohnheit,
ohne Zeit,
schlagen sie, in Massen grün, wirksam und kalt,
gegen den schwarzen Magen des Schiffs und waschen
seine Materie, seine rissige Schale, seine eisernen
Runzeln:
im Wechsel ihrer langen Schaumfahnen zernagen
die Wasser, die ihre Zähne aus Salz
in Tropfen auffliegen lassen, die Rinde des Schiffs.

Es blickt mit seinem augenlosen Gesicht das Gespenst
aufs Meer:
der Kreislauf des Tages, der Husten des Schiffs, ein Vogel
in der runden und einsamen Gleichung des Raumes,
und von neuem steigt es hinab zum Leben des Schiffs,
fällt auf die tote Zeit und das Holz,
gleitet in die schwarzen Küchen und Kojen,
müde von Luft und Umgebung und trostlosem Raum.

Der Süden des Ozeans

Aus vernichtetem Salz und gefährdetem Schlund
sind die Rosen gemacht des einsamen Ozeans,
und dennoch kreist die Flut,
und furchtbare Vögel,
und nichts als Nacht, begleitet
vom Tag, und der Tag, begleitet
von einer Zufluchtstätte, einem
Spalthuf, vom Schweigen.

Und in dem Schweigen anwächst der Wind
mit seinem einzigen Blatt und seiner gepeitschten Blüte,
und der Sand, der nur Tasten ist und Schweigen,
nichts ist da, ein Schatten ist,
die Spur eines flüchtigen Pferdes,
nichts ist da als eine in die Zeit eingegangene Woge,
denn alle Wasser führen zu den eisigen Augen
der Zeit, die aus des Ozeans Tiefe blickt.

Schon sind ihre Augen gestorben an totem Wasser und
Tauben
und sind zwei Höhlen von bitterer Breite,
durch die mit blutigen Zähnen die Fische ziehn
und die Wale auf der Suche nach Smaragden
und Skelette bleicher Kavaliere, aufgezehrt
von den weichen Medusen, und dann noch
einige Gruppen giftiger Myrten,
vereinzelte Hände, Pfeile,
Revolver aus Schuppen,
ununterbrochen treiben sie durch ihre Schläfen
und verschlingen ihre Augen aus aufgelöstem Salz.

Wenn der Mond seine Untergänge hergibt,
seine Särge, seine mit männlichen
Mohnblüten bedeckten Toten,
wenn in den Sack des Mondes
die im Meer begrabenen Kleider fallen
mit ihren dauernden Leiden, ausgerauften Bärten,
ihren Köpfen, die die Flut verlangte und der Stolz für allezeit,
hört man in endloser Ferne auf den Grund des Meeres
Knie hinuntersinken, die herbeigeschleppt der Mond
in seinem Sack aus Stein, der zerfressen ist von Tränen
und den Bissen unheilvoller Fische.

Wahrhaftig, es ist der Mond, der da niedersteigt
mit einem grausigen Zittern von Schwämmen, es ist trotz allem
der Mond, der in den Schlupfwinkeln der Tiere hin und her schwankt,
der von den Schreien des Wassers zernagte Mond,
die Bäuche des Monds, seine Schuppen
aus abgeplatztem Stahl: und von nun an
sinkt er hinab an das Ende des Weltmeers,
blau und blau, von Bläuen durchflossen,
blinden Bläuen aus blinder Materie,
und er schleift seine faulige Last hinter sich her,
Taucher, Hölzer, Finger,
ein Fischer des Bluts, das vergossen ward
durch große Katastrophen auf den Gipfeln des Meeres.

Aber ich spreche von einem Ufer, dort, wo das Meer peitscht
und rast und die Wogen die Mauern aus Asche
berennen. Was ist das? Ist es ein Schatten?
Das ist kein Schatten, es ist der Sand des traurigen Landes,

es ist ein System von Algen, Schwingen gibt es, einen
Schnabelhieb
in die Brust des Himmels gibt's,
o Fläche, von Wogen versehrt,
o Ursprung des Meeres,
so deine Geheimnisse der Regen hütet, so der nie
endende Wind
die Vögel vernichtet, nur noch Himmel ist,
will ich einzig deinen Küsten verwurzeln und sterben,
will ich einzig auf den Mund der Steine schaun,
aus dem die Geheimnisse quellen voll Schaum.

Ist ein einsamer Himmelsstrich, ich habe
von dieser so öden Landschaft schon gesprochen,
wo die Erde ganz von Weltmeer erfüllt ist,
und niemand ist da als ein paar Pferdespuren,
und niemand ist da als der Wind, niemand ist da
als der Regen, der niedergeht auf die Wasser des Meeres,
niemand als der Regen, der anschwillt über dem Meer.

TORRES

Abschlägig

Die Taube ist vollgestopft mit heruntergefallenen
Zetteln,
ihre Brust von Radiergummis und Wochen befleckt,
von Löschblättern, weißer als ein Leichnam,
und Tinten, die vor der eigenen Unheilsfarbe
erschrecken.

Tritt mit mir ins Dunkel der Kanzleien,
in die kränkliche matte Blässe der Bürovorsteher,
in die Gänge, unergründlich wie Kalender,
ans schmerzliche Mühlrad der tausend Seiten.

Laß uns nun die Titel und Klauseln durchgehen,
die Geheimakten, die Schlaflosigkeiten,
die Bittgesuche mit ihren ekelerregenden Herbstzähnen,
die Wut aschgrauer Instanzen und trauriger Entscheide.

Es ist ein Bericht über zerschlagene Knochen,
bittere Umstände und endlose Anzüge
und plötzlich ernstzunehmende Strümpfe.
Es ist die tiefe Nacht, der aderlose Kopf,
aus dem der Tag fällt, unversehens,
wie aus einer vom Blitz zerspellten Flasche.

Es sind Füße und Uhren und Finger
und eine Lokomotive aus sterbender Seife
und ein brüchiger Himmel aus nassem Metall
und ein gelber Fluß aus Gelächel.

Alles gelangt an die Fingerspitzen wie Blumen,
an die Nägel wie Blitze, auf welke Sessel,

alles gelangt in die Tinte des Todes
und in das violette Maul der Stempel.

Laßt uns den Tod der Erde beweinen und das Feuer,
die Degen, die Trauben,
die Geschlechter mit ihrer harten Wurzelherrschaft,
die Schiffe des Rausches inmitten der Schiffe
und den Duft, der nachts auf Knien tanzt
und einen Planeten durchbohrter Rosen mit sich schleift.

Laßt uns, im Kleid des Hundes und einen Fleck auf der Stirn,
in den Abgrund der Akten versinken,
in den Zorn der gefesselten Worte,
in hartnäckig tote Kundmachungen,
in Systeme, eingehüllt in vergilbte Papiere.

Kommt mit mir in die Kanzleien, in den zweifelhaften
Ruch von Ministerien und Gräbern und Stempelmarken.
Tretet ein mit mir in den weißen Tag, der da stirbt
unter Schreien wie eine ermordete Braut.

Zugang zum Holz

Kaum mit meiner Vernunft, mit meinen Fingern,
mit langsamen versunkenen Wassern, langsamen,
sink ich in das Reich der Vergißmeinnicht,
in eine beharrliche Sphäre von Trauer,
in einen vergessenen verfallnen Raum,
in einen Büschel bittren Klees.

Ich sinke in den Schatten, mitten
unter zerstörte Dinge,
erblicke Spinnen, bin Hirt von Wäldern
mit geheimen unvollendeten Hölzern
und schreite zwischen feuchten Fasern einher, entrissen
dem lebendigen Dasein aus Substanz und Schweigen.

Sanfte Materie, o Rose mit trocknen Schwingen,
in meinem Versinken erklimm ich deine Blütenblätter
mit Füßen, schwer von roter Müdigkeit,
in deiner harten Kathedrale knie ich nieder
und stoße die Lippen mir an einem Engel.

Ich bin es, der vor deiner Weltfarbe dort steht,
vor deinen fahlen toten Schwertern,
vor deinen versammelten Herzen,
vor deiner schweigenden Vielfalt.

Ich bin es, der dort vor deiner Düfte Woge stirbt,
die gehüllt ist in Herbst und Widerstreben:
ich bin es, der eine Reise der Trauer beginnt,
inmitten deiner gelben vernarbten Wunden:
ich bin es, der mit seinen Klagen ohne Anfang,
ohne Nahrung, schlaflos und verlassen,

in verschattete Gänge tretend,
zu deiner geheimnisvollen Materie gelangt.

Ich sehe deine trockenen Strömungen sich regen,
sehe Hände lückenhaft erwachsen,
ich höre das Ächzen deines ozeanischen
Pflanzenwuchses, geschüttelt von Nacht und Zorn,
und spüre dem Innern zu Blätter sterben
und deiner verlassenen Reglosigkeit
grüne Stoffe einverleiben.

Poren, Adern, Kreise der Sanftheit,
Schwere, schweigsame Temperatur,
Pfeile, deiner gefallenen Seele verhaftet,
Wesen, schlummernd an deinem großlippigen Mund,
Staub süßen verzehrten Fruchtfleischs,
Asche voll von erloschenen Seelen,
kommt zu mir, in meinen maßlosen Traum,
fallt ein in meinen Alkoven, in den die Nacht fällt
und unaufhörlich fällt wie zersplittertes Wasser,
und bindet mich an euer Leben, euren Tod,
an eure unterworfenen Stoffe,
an eure toten unbeteiligten Tauben,
und laßt uns Feuer entfachen und Stille und Klang
und laßt uns erglühn und schweigen und Glocken.

Statut des Weins

Wenn auf Erdstriche, wenn auf Opfer
dunkelviolette Flecke wie Regen fallen,
öffnet der Wein voll Entsetzen die Tore,
und in die Zuflucht der Monate steigt
sein Leib mit roten eingetauchten Schwingen auf.

Seine Füße, mit der Feuchte nasser Zungen,
berühren Mauern und Ziegel der Dächer,
und auf die Schneide des nackten Tags
seine Bienen fallen in Tropfen.

Ich weiß, daß beim Nahen des Winters
der Wein nicht laut schreiend flieht,
noch verbirgt er sich in finsteren Kirchen,
um Feuer zu holen in weggeworfenen Lumpen,
sondern daß er über die Jahreszeit hin,
über den Winter fliegt, der nun da ist,
einen Dolch zwischen den harten Brauen.

Ich nehme schweifende Träume wahr,
ich erkenne von ferne
und sehe vor mir hinter den Scheiben
Versammlungen elender Kleider.

Zu ihnen gelangt die Kugel des Weines nicht,
sein wirksamer Mohn, sein roter Strahl
sterben, erstickt in trostlosen Geweben,
und durch einsame Kanäle ergießt sich,
durch feuchte Gassen, in namenlose Flüsse
der bitterlich versunkene Wein,
der blinde und unterirdische einsame Wein.

Ich stehe aufrecht auf seinem Schaum und seinen
Wurzeln,
ich weine in sein Laub, auf seine Toten,
in Begleitung von Schneidern, die hinstürzten
mitten im ehrlosen Winter,
ich steige Treppen aus Nässe und Blut empor,
an den Wänden tastend,
und in der Kümmernis der Zeit, die naht,
knie ich hin auf einen Stein und weine.

Und ich wandre im Gewand
vergänglicher Metalle ätzenden Stollen zu,
einsamen Kellereien zu, Träumen zu,
grünpochenden Harzen der Erde zu,
gleichgültigen Eisenschmieden zu,
dem Geschmack nach Schlamm und Kehle zu,
hin zu unvergänglichen Faltern.

Da tauchen die Männer des Weins auf
mit maulbeerfarbenen Gürteln
und Hüten aus zerfaserten Bienen,
und sie tragen Gläser voll toter Augen herbei
und entsetzliche Schwerter aus Salzbrühe,
und sie begrüßen sich mit heiseren Hörnern
und singen Hochzeitslieder.

Mir gefällt der heisere Gesang der Männer des Weins
und das Geklirr nasser Münzen auf dem Tisch
und der Ruch nach Schuhen und Trauben
und nach grünem Erbrechen:
mir behagt der blinde Gesang der Männer
und dieser Klang von Salz, der an die Wände
der sterbenden Frühe pocht.

Ich spreche von Dingen, die da sind, Gott bewahre mich,
Dinge zu erdichten, wenn ich singe!
Ich spreche von dem Speichel, der auf den Wänden rinnt,
ich spreche von weichen Strümpfen der Gassenhuren,
ich spreche vom Chor der Männer des Weins,
die auf den Sarg trommeln mit einem Vogelknochen.

Und ich bin mitten in diesem Gesang, mitten
im Winter, der sich durch die Gassen wälzt,
ich bin inmitten der Zecher,
offenen Augs vergessenen Orten zugewandt,
oder in herzzerreißender Trauer gedenkend,
oder hinabgesunken in Aschen, schlafend.

Nächten gedenkend, Schiffen, Staaten,
gestorbener Freunde, Umständen,
bitterer Spitäler und Mädchen mit halb gespreiteten
Gliedern:
eines Wogenschlags gegen einen bestimmten Fels
mit seinem Schmuck aus Mehl und Schaum gedenkend,
des Lebens, das man in gewissen Ländern führt,
an gewissen einsamen Küsten,
eines Sternentons in Palmenwäldern,
eines Herzschlags hinter Fensterscheiben,
eines Zuges, der mit verfluchten Rädern düster
vorbeifährt
und vieler trauriger Dinge solcher Art.

An die Nässe des Weins in den Morgenfrühen,
an die von den Wintertagen oft angenagten Wände,
die zweifellos einstürzen werden verlassen in den
Kellern,
an jenes Vermögen des Weins rühren Kämpfe
und abgenutzte Metalle und stumpfe Gebisse,
und es gibt einen Tumult zerstörter Einwände,

gibt ein wildes Wehklagen von Flaschen
und ein Verbrechen, das herabhängt wie eine Peitsche.

Der Wein bohrt seine schwarzen Dornen fest
und läßt seine grausigen Stacheln umherstreifen
zwischen Dolchen, in Mitternächten,
unter heiseren umhergetriebenen Kehlen,
unter Zigarren und zerrauftem Haar,
und seine Stimme schwillt an wie eine Meereswoge
Tränen heulend und Leichenhände.

Und dann läuft der verfolgte Wein davon,
und an den Hufeisen zerreißen
seine haltbaren Schläuche, und stumm entrinnt der Wein,
und seine Fässer wandern in beschädigte Schiffe,
in denen die Luft
Gesichter zerfrißt, Mannschaften in Schweigen,
und der Wein flieht über die Landstraßen hin,
durch Kirchen, zwischen Kohlenhalden,
und zur Erde fallen seine amarantenen Federn,
sein Mund maskiert sich mit Schwefel,
und in begangenen Straßen loht er, der Wein,
auf der Suche nach Brunnen, Schächten, Ameisen,
Mündern trauriger Toter,
um durch sie ins Blau der Erde zu gelangen,
wo sich der Regen und die Abgeschiedenen vermengen.

III

Vereinigung unter neuen Bannern

Wer log? Der Lilie Fuß
gebrochen, unergründlich, dunkel, ganz
voll von Wunden und dunklem Glanz!
Alles, das Maß von Woge zu Woge und Woge,
des Bernsteins unbestimmtes Grab
und die rauhen Tropfen der Ähre!
Darauf gründete meine Brust, ich lauschte all
dem finstern Salz: nachts
ging ich, Wurzeln zu schlagen:
ich erforschte die Bitternis der Erde:
alles war für mich Nacht oder Blitz:
geheimes Wachs füllte mein Haupt
und streute Asche in meine Spuren.

Und für wen suchte ich diesen kalten Puls,
wenn nicht für einen Tod?
Und welches Werkzeug verlor ich in der verlaßnen
Finsternis, in der niemand mich hört?
Nein,
        es war nun Zeit, flieht,
Schatten des Bluts,
Eis des Gestirns, weiche zurück beim Nahen der
                                        menschlichen Schritte
und nimm den schwarzen Schatten von meinem Fuß!

Ich unter den Menschen habe die gleiche verwundete
                                                                Hand,
ich halte das gleiche rote Gefäß
und gleiche wilde Bestürzung:
                                            eines Tages,
von menschlichen Träumen
bebend, kam ein wildes

Roß in meine
schlingende Nacht,
daß ich meine Wolfsschritte
den Schritten des Menschen vereine.
Und so, neu vereinigt,
entschieden aus meiner Mitte wirkend, suche ich nicht
Zuflucht
in den Gewölben des Weinens: ich weise
auf den Bienenstock: leuchtendes Brot
für den Sohn des Menschen: im Geheimnis bereitet das
Blau sich
ein Korn zu erschauen, fremd dem Blut.
Wo ist dein Ort der Rose?
Worin weilt dein Sternenbild?
Vergaßest du jene Finger des Schweißes, die, um an den
Sand
zu rühren, dem Wahnsinn verfallen?
Friede mit dir, düstre Sonne,
Friede mit dir, blinde Stirn,
es gibt einen flammden Platz für dich auf den Straßen,
es gibt Steine ohne Geheimnis, die auf dich schauen,
es gibt Kerkerschweigen mit einem wahnsinnigen Stern,
entblößt, zügellos, die Hölle erwägend.

Gemeinsam gegen das Schluchzen!
Es ist der Erde
und des Duftes hohe Stunde, sieh dies Antlitz,
eben dem schrecklichen Salz entronnen,
sieh auf diesen bitteren Mund, der lächelt,
sieh dieses neue Herz, das dich grüßt
mit seiner überströmenden Blüte, entschlossen, golden.

Die Höhen von Macchu Picchu (Fragmente)
Himmelsstrich*

Von Himmelsstrich wandernd zu
Himmelsstrich,
kam ich, einem leeren Netze gleich, in die Straßen
und die Hülle
der Luft und gab bei des Herbstes Ankunft der
ausgestreuten Münze
der Blätter und, inmitten des Frühlings und der Ähren,
dem das Geleit, was die höchste Liebe
wie im Innern eines abgestreiften Handschuhs uns
darbringt
wie einen reifen Mond.

(Tage lebendigen Glanzes in der Unbeständigkeit
der Körper: Waffenschärfe, verwandelt
zum Schweigen der Bitterkeit:
Nächte, ausgefasert bis zum letzten Staub Mehl:
angefallene Blütenfäden des bräutlichen Vaterlands.)

Jemand, der zwischen Violinen mich erwartete,
fand eine Welt wie einen begrabenen Turm,
der seine Spirale tief unter alle Blätter
von greller Schwefelfarbe senkte:
tiefer, hinein in das Gold der Geologie;
gleich einem von Meteoren umhüllten Schwert
tauchte ich die ungestüme und sanfte Hand
in des Irdischen stärkste Zeugungskraft.
Ich senkte in die Wogentiefe das Antlitz,
glitt inmitten schweflichten Friedens tropfengleich
nieder,
und, ein Geblendeter, kehrte ich zurück zum Jasmin
des verbrauchten menschlichen Frühlings.

Straßen des Winters*

Wie oft, in den Straßen des Winters einer Stadt oder in
einem Autobus oder Schiff im Dämmerlicht, oder in
der undurchdringlichsten Einsamkeit, die einer
Festnacht, unter dem Hall
von Schatten und Glocken, in der nämlichen Grotte
menschlicher Freuden,
wollte ich haltmachen, die ewige Ader zu suchen,
die unergründliche, die ich einst im Stein berührte und
im Blitz, den der Kuß auslöste.

(Das, einer goldgelben Geschichte kleiner trächtiger
Brüste gleich,
im Getreide einen Wert wiederholt,
der in den Keimschichten unaufhörlich Zartheit ist
und der, gleichbedeutend immer, sich ausstreut
in Elfenbein,
oder auch, was im Wasser transparente Heimat ist,
Glocke,
vom abgeschiedenen Schnee herab bis zu den
bluthungrigen Wellen.)

Ich konnte nur ein Bündel Gesichter und herabgestürzter
Masken erfassen wie Ringe aus taubem Gold,
wie umhergestreute Gewänder, Töchter eines wütenden
Herbstes,
der zittern machte den elenden Baum der erschrocknen
Geschlechter.

Da war kein Ort, die Hand auszuruhn,
der, strömend wie Wasser eines gefangenen Quells
oder fest wie ein Brocken Anthrazit oder Kristall,

die Wärme zurückgegeben hätte oder die Kälte meiner
hingestreckten Hand.
Was war der Mensch? In welchem Teil seines offenen
Gesprächs
zwischen Läden und Gelärm, in welcher seiner
metallenen Regungen
lebte das Unzerstörbare, das Unvergängliche, das
Leben?

Wie Mais*

Wie Mais entkörnte sich der Mensch in die
unerschöpfliche
Kornkammer vergeblicher Taten, erbärmlicher
Geschehen, vom ersten zum siebten, zum achten;
und nicht ein Tod, sondern viele Tode erreichten einen
jeden:
tagtäglich ein kleiner Tod, Staub, Gewürm und Lampe,
die im Vorstadtschlamm erlosch, ein kleiner Tod mit
starken Flügeln
drang wie eine kurze Lanze in den Menschen,
und umzingelt von Brot und Messer war der Mensch,
der Herdenzüchter, der Sohn der Häfen oder der
Pflugschar dunkelhäutige Lenker,
oder der hungrige Nager der dichtgedrängten Straßen:
ihren Tod erwartend, ihren kleinen alltäglichen Tod,
verlöschten alle:
und ihr Zerbrechen, unselig, an jeglichem Tag war
wie ein schwarzer Kelch, den sie zitternd tranken.

Großer Tod*

Großer Tod, Vogel mit eisernen Schwingen,
du warst es nicht,
den der armselige Erbe der Hausungen
unter der leeren Haut trug bei heruntergeschlungener
Nahrung,
etwas war es, eines zerstörten Seiles nichtiger Rest,
ein Atom der Brust, die nicht zum Kampfe kam,
oder der herbe Tau, der nicht auf die Stirne fiel.
Was nie wiedererstehen kann, war es, ein Stück
des erbärmlichen Todes ohne Frieden, ohne Land:
ein Knochen, eine Glocke, die in ihm starben.
Ich nahm die Jodbinden ab, tauchte die Hände
in die dürftigen Schmerzen, die den Tod ertöteten,
und fand in der Wunde nichts denn einen eisigen
Windhauch,
der durch die flüchtigen Risse der Seele drang.

Macchu Picchu*

Damals bin ich die Treppe der Erde
emporgestiegen
zwischen grausem Gestrüpp verlorener Wälder
bis zu dir, Macchu Picchu.
Hohe Stadt aus stufigem Gestein,
endlich Wohnstatt dem, der das Irdische
nicht verbarg in schlafbefallenen Gewändern.
In dir wiegte sich wie zwei parallele
Linien des Blitzes und des Menschen
Wiege in einem Dornenwind.

Wirrer Glanz*

Tief durch den wirren Glanz,
tief durch die Nacht aus Stein laß die Hand mich
strecken,
laß zu, daß des Vergessenen altes Herz
in mir wie ein tausend Jahre gefangener Vogel zuckt!
Laß dieses Glück mich heut vergessen, das größer als
das Meer,
denn größer als das Meer und seine Inseln ist der Mensch,
und wie in einen Brunnen muß man in ihn sinken, um
aufzusteigen
vom Grund mit einem Strauß heimlicher Tränen
und versunkener Wahrheiten.

Steig auf*

Steige auf, mit mir zum Leben zu erwachen,
Bruder.

Reich mir die Hand aus der tiefen
Zone deines vergossenen Schmerzes.
Du wirst nicht wiederkehren vom Grund der Felsen.
Du wirst nicht wiederkehren aus der unterirdischen Zeit.
Nicht wiederkehren wird deine verhärtete Stimme.
Nicht wiederkehren deine durchbohrten Augen.
Blick aus der Erdentiefe mich an,
Bauer, Weber, schweigsamer Hirt:
Bändiger wilder, Schutz gewährender Lamas:
Maurer des trutzenden Baugerüsts:
Wasserträger der andinischen Tränen:
Goldschmied mit zermalmten Fingern:
Landmann, um das Saatkorn zitternd:
Töpfer du, in deine Tonerde verströmt:
bringt eure alten erdbedeckten Schmerzen
zum Kelch dieses neuen Lebens.
Weist mir euer Blut und eure Strieme,
sagt mir: hier wurde ich gezüchtigt,
weil das Geschmeid nicht glänzte oder die Erde
den Stein nicht hergab zur rechten Zeit oder das Korn:
bezeichnet den Stein mir, auf den ihr stürztet,
und das Holz, an das man euch schlug,
entflammt mir die alten Feuersteine,
die alten Lampen, die Peitschen,
Jahrhunderte hindurch den Wunden verhaftet,
und die Beile mit blutigem Glanz.
Ich komme, zu reden durch euren toten Mund.
Durch das Erdreich hindurch vereint alle
die schweigenden und verstreuten Lippen,

und aus der Tiefe sprecht diese ganze lange Nacht zu mir,
als ob ich verankert wäre mit euch,
erzählt mir alles, Fessel für Fessel,
Glied für Glied der Ketten und Schritt um Schritt,
schärft, die ihr verwahrtet, die Messer,
legt sie an meine Brust, in meine Hand
wie eine Flut von gelben Blitzen,
wie einen Strom erdvergrabener Tiger,
und laßt mich weinen, Stunden, Tage, Jahre,
blinde Zeitenläufte, Sternjahrhunderte.

Gebt mir die Stille, das Wasser, die Hoffnung.

Gebt mir den Kampf, das Eisen, die Vulkane.

Neigt mir die Körper wie Magneten zu.

Eilt her an meine Adern, an meinen Mund.

Redet durch meine Worte und mein Blut.

Die Wüste

Der harte Mittag der großen Sandwüsten
ist gekommen:
nackt ist die Welt,
breit gelagert, samenlos, glatt bis hin zu den letzten
Grenzen des Sandes:
lausche dem knisternden Laut
des lebenden Salzes, verloren in den Salpeterwüsten:
die Sonne zerbricht die gläsernen Flächen in der
leeren Unendlichkeit,
und die Erde ringt mit dem Tod unter dem trocknen
erstickenden Krachen des Salzes, das aufstöhnt.

Nocturno

Komm mit mir in den Bereich der Wüste,
in die große lufterfüllte Nacht der Steppe,
in den nächtlichen Kreis, Weltraum und Gestirn,
wo die Zone des Tamarugal das ganze
Schweigen auffängt, das im Zeitenraum sich verlor.

Tausend Jahre Schweigen in einer Kuppel
aus kalkigem Blau, aus Ferne und Mond,
prägen die nackte Geographie der Nacht.

Ich liebe dich, unberührte Erde, wie so viele
Dinge gegensätzlicher Art ich liebte:
Blume, Straße, Überfluß und strengen Brauch.

Ich liebe dich, reine Schwester des Ozeans.
Für mich war diese Schule der Leere schwer zu
bestehen,
in der nicht Mensch, nicht Mauer noch Pflanze war,
um mich an etwas zu halten.

Ich war allein.
Fläche nur und Verlassenheit war das Leben.

Das war die männliche Brust der Welt.

Und ich liebte das System deiner gradlinigen Form,

deiner Leere ausgedehnte Präzision.

Hymne und Heimkehr

Vaterland, mein Land,
hin zu dir wende ich mein Blut.
Doch nach dir verlange ich, wie nach der Mutter
tränenvoll ein Kind.
Nimm
diese blinde Gitarre auf
und diese verlorene Stirn.
Ich zog aus, Söhne zu finden für dich in der Welt,
ich zog aus, die Niedergebrochenen zu trösten mit deinem
Namen aus Schnee,
ich zog aus, aus deinem reinen Holz ein Haus zu bauen,
ich zog aus, den verwundeten Helden deinen Stern zu bringen.

Nun möchte ich ruhen in deiner Substanz.
Gewähr mir deine helle Nacht ergreifender Saiten,
deine Segelschiff-Nacht, deine gestirnte Größe.

Du, mein Land: ich will den Schatten wechseln.
Du, mein Land: die Rose will ich tauschen.
Ich will meinen Arm um deine winzige Hüfte legen
und mich niederlassen auf deine Steine, ausgeglüht vom Meer,
das Korn aufhalten und sein Inneres ergründen.
Des Salpeters schlanke Flora werde ich erwählen,
den eisigen Faden der Glocke werde ich spinnen
und, auf deine glorreichen, einsamen Schäume blickend,
einen Küstenkranz für deine Schönheit winden.

Vaterland, mein Land,
ganz umgeben von stürmenden Wassern

und bestürmtem Schnee,
in dir verbindet der Adler sich dem Schwefel,
und in deiner antarktischen Hand aus Hermelin und
Saphir
glänzt ein Tropfen reinen menschlichen Lichts,
den feindlichen Himmel entflammend.

Wahre dein Licht, o Vaterland, halt aufrecht
deine harte Ähre der Hoffnung inmitten
der blinden schrecklichen Luft.
Auf deine ferne Erde ist all das schwierige Licht gestürzt,
jene Bestimmung der Menschen,
die dich treibt, eine einsame Blume voller Geheimnis
zu schützen in der Unermeßlichkeit des schlummernden
Amerika.

Atacama

Unerträgliche Stimme, ausgestreutes
Salz, Asche,
stellvertretende, schwarzer Zweig,
an dessen äußerster Perle Taus der blinde Mond
durch trauerverhüllte Kupfergänge erscheint.
Welche Materie, welch hohler Schwan
senkt seine sterbende Nacktheit in den Sand
und härtet sein flüssiges langsames Licht?
Welch harter Strahl zerbricht seinen Smaragd
zwischen den Steinen unbezähmbar, bis
er eingekornt das verlorene Salz?
Land, Land
über dem Meer, über dem Wind, über dem wilden Ritt
der Amazone, korallenbehängt:
angefülltes Lagergewölb, wo der Weizen
an der bebenden Wurzel der Glocke schläft:
O Mutter des Ozeans! Schöpferin
des blinden Jaspis und des goldenen Kiesels:
über deiner reinen Haut von Brot, waldfern,
nichts als deines Geheimnisses Linien,
nichts als deine sandene Stirn,
nichts als des Menschen Nächte und Tage,
doch nahe der dürstenden Distel, dort,
bei einem versunknen vergessenen Papier, ein Stein
die tiefen Wiegen meldet von Schwert und Gefäß,
zeugt von den schlummernden Gründen des Kalks.

Tocopilla

Von Tocopilla nach Süden, nach Norden: Sand,
eingestürztes Kalkgestein, die Schaluppe, zerbrochene
Bohlen, verbogenes Eisen.
Wer fügte zu des Planeten makelloser Linie,
golden und durchgedörrt, zu Traum, Salz und Feuer
das verbrauchte Gerät, den Unrat?
Wer setzte das eingesunkene Dach, wer ließ
die Wände geborsten zurück mit einem Haufen
zertretenen Papiers?
Düstres Licht des Menschen, in dir entthront,
das immer wieder zur Mulde kehrt deines kalkigen
Monds,
kaum angenommen von deinem tödlichen Sand!
Selten gewordene Möwe der Abbauplätze, Heringsfisch,
geringelte Sturmschwalbe,
Meergebilde ihr, der blutigen Fangleine
und des Unwetters Kinder, habt ihr den Chilenen
gesehn?
Habt ihr den Sterblichen zwischen den beiden Linien
der Kälte
und der Wasser erblickt, unter dem Zackenkamm
des Erdhorizonts, in der Bucht?

Läuse, brennende, Salz überfallende Läuse,
Läuse, Küstenläuse, Einwohner, Kumpel,
von einer Narbe der Wüste zur andern,
der Mondküste entgegen, hinaus!
das alterlose kalte Gepräge zu brechen!
Jenseits der Gründe des Pelikans, wo nicht
Wasser noch Brot noch Schatten den unwirtlichen
Rastort berühren,
zeigt sich des Salpeters Verrichtung,

oder des Kupfers Gestalt bestimmt sein Gesicht.
Alles ist, als wären Sterne begraben,
ist wie bittre Nadelstiche, wie höllische
Blüten,
weiß, vom zitternden Licht überschneit,
oder grün und schwarzer Trieb lastenden Glanzes.
Dort gilt die Feder nicht, nur die zerfetzte Hand
des dunklen Chilenen, dort nützt kein Bedenken.
Nur das Blut zählt. Nur dieser hartnäckige Schlag,
der im Stollen nach dem Menschen fragt.
Im Stollen, in der Mine, in der durchlöcherten Grube,
ohne Wasser, ohne Lorbeerreis.

O geringe
Brüder meines Landes, verbrannt von jenem Licht, das
bitterer
als des Todes Bad, Helden ihr, verdunkelt
durch des Salpetersalzes Erwachen auf Erden,
wo baut ihr euer Nest, umherirrende Söhne?
Wer hat euch zwischen den zerstörten Fasern
der verödeten Häfen gesehen?
Tief in
dem Salzlaugendunst,
hinter der metallischen Küste
oder vielleicht, vielleicht
unter der Wüste schon, unter
ihrem Versprechen aus Staub
für immer!
Chile, Metall und Himmel du,
und ihr, Chilenen,
Saatkorn, zähe Gefährten,
jeder entschlossen in Eintracht und Schweigen
wie der Steine währendes Dauern.

Hunger im Süden

Ich nehme das Seufzen wahr in der Kohle von
Lota;
und des erniedrigten Chilenen runzligen Schatten
seh ich im Innern die bittre Erzader brechen, ihn sterben,
leben, zur Welt kommen in der harten Asche,
geduckt, hingestreckt, als ob so die Welt
mit hineingelänge und so auch hinaus,
inmitten des schwarzen Staubs und der Flammen;
doch hier wird einzig geschehen
der Husten im Winter, der Schritt
eines Pferdes im schwarzen Wasser, in das
wie ein totes Messer ein Eukalyptusblatt fiel.

Der große Ozean

Wenn von deinen Gaben, deinen Verderben, Ozean,
für meine Hände ich ein Maß
bestimmen könnte,
eine Frucht, ein Ferment,
ich wählte deine ferne Ruhe, die Linien deines Stahls,
deine von Luftraum und Nacht bewachte Erstreckung
und deiner weißen Sprache wogende Energie,
die ihre Säulen zerbirst und stürzt
in der eignen vernichteten Reinheit.

Nicht die letzte Woge ists mit ihrem salzenen Gewicht,
sie, die Küsten zermalmt und des Sandes Frieden
erschafft, der die Welt umspannt:
es ist das zentrale Volumen der Kraft,
der Wasser ausgedehnte Macht,
die lebenerfüllte reglose Einsamkeit.
Zeitenraum vielleicht oder Gefäß, mit nichts
angehäuft denn Bewegung; vollkommene Einheit,
die der Tod nicht gezeichnet, grünes Eingeweid
der verzehrenden Totalität.

Vom untergetauchten Arm, der einen Tropfen
emporhebt,
nichts verbleibt als der Kuß des Salzes. Von den Leibern
des Menschen an deinen Gestaden ein feuchter
Hauch benetzter Blüte bleibt zurück. Deine tiefe Energie
scheint hinzugleiten, ohne je sich aufzubrauchen,
scheint zurückzukehren zu ihrer Ruhe.

Die Woge, die von dir schnellt,
Bogen gleichen Wesens, sternische Feder,
sie war, da sie niederstürzte, nur Schaum

und rollte zurück, um neu zu erstehn, ohne sich zu
verzehren.

All deine Kraft kehrt zurück, um Ursprung zu sein.
Einzig gibst du zermalmtes Geschlinge preis,
Schalen, die deine Schiffsfracht von sich warf,
alles, was deine tätige Fülle ausstieß,
was aufhörte, Blütendolde zu sein.
Dein Standbild liegt jenseits der Wogen gebreitet.

Lebendig und wohlgefügt wie die Brust und die Hülle
eines einzigen Wesens und seines Atmens,
aufgeschwungen in des Lichts Materie,
bilden Flächen, von den Wellen emporgehoben,
die nackte Haut des Planeten.
Dein eigenes Sein füllst du an mit deiner Substanz.

Du häufst die Wölbung des Schweigens.

Mit deinem Salz und deinem Honig das Weltenbecken
bebt,
der allumfassende Hohlraum der Wasser,
und nichts fehlt in dir wie im zerschundenen
Krater, im ungeschliffenen Glas:
leere Gipfel, Narben, Zeichen
bewachen die verstümmelte Luft.

Deine Blüten pochen an das Weltall,
deine unterseeischen Getreide zittern,
die sanften Algen lassen ihr Bedrohen niederhangen,
es schwimmen die Brutschwärme und mehren sich,
und einzig zum Garn der Netze auf
steigt der tote Blitz der Schuppe,
ein Millimeter, wund in der Ferne
deiner kristallenen Totalitäten.

Die Früchte der Erde

Wie wächst die Erde auf durch den
Mais, immer suchend
das milchige Licht, des Fruchtkolbens Mähne,
gehärtetes Elfenbein,
der reifen Ähre kunstvolles Netz
und die ganze Herrschaft aus Gold, die sich entkörnen
wird?

Zwiebeln möcht ich essen, bringt mir eine vom Markt,
eine Kugel, angefüllt mit kristallenem Schnee,
den die Erde umwandelte in Wachs und Gleichgewicht
wie eine in ihrem Sprunge verhaltene Tänzerin.
Gib mir ein paar erlegte Wachteln, duftend
nach Moosen der Wildnis, einen Fisch, wie ein König
geschmückt und feuchte Tiefe
auf die Schüssel tropfend,
der blasse Goldaugen öffnet
unter den angehäuften Fruchtscheiben der Limonen.

Gehn wir also, und unter der Kastanie wird das
lodernde Feuer
den blanken Schatz der Früchte zurücklassen auf der
Glut,
und ein Lamm mit seinem ganzen Reichtum wird golden
seine edle Art, bis es Amber ist für deinen Mund.

Gebt mir alle Dinge der Erde, Ringeltauben,
eben erst getroffen, trunken von wilden Blütendolden,
sanfte Flußaale, die beim Sterben
winzige Perlen aufsteigen ließen,
und eine Schüssel herber Seeigel

wird ihre orangefarbene Meerestiefe fügen
zum grünen Firmament des Salates.

Und bevor der eingelegte Hasenrücken
die Luft des Mittagsmahls mit Duft erfüllt
wie eine waldwilde Fuge von Gerüchen,
eilt zu den Austern polaren Südens, frisch geöffnet
in ihren Schalen aus salzigem Glanz,
mein Kuß, von den Substanzen der Erde
durchtränkt, die ich liebe und mit allen Bahnen
meines Bluts durchströme.

Ode an die Vögel Chiles

Vögel Chiles, mit schwarzem Gefieder,
geboren
zwischen der Kordillere und dem schäumenden Meer,
hungrige Vögel,
düstere Vögel,
Rötelgeier, Falken,
Adler der Inseln,
schneegekrönte Kondore,
Geier im prunkhaften Trauergewand,
Vertilger des Aas,
Machthaber des Himmels,
abstoßende Vögel,
Blutsucher,
schlangenernährt,
Diebsgelichter,
Hexen des Hochwalds,
bluttropfende
Majestäten,
ich bewundere
euren Flug.

Lange Zeit späh ich
über den ferngebreiteten Himmel,
suchend den Schlag
der Schwingen.
Dort seid ihr,
nachtschwarze Segler
vernichtender Höhe,
schweigsame
Mördergeschlechter,
blutlüsterne Sterne.
An der Küste

auffährt zur Schwinge der Schaum.
Schneidendes Licht
besprengt
der Meervögel
Flug,
die Wasser streifend, kreuzen
Zugvögel hin,
enden plötzlich
den Flug
und stürzen wie Pfeile herab
auf die grüne Masse.

Unermüdlich fuhr ich zur See,
die Küsten entlang,
das zernagte Gestade, die Straße
zwischen den Inseln
des Ozeans,
das große Pazifische Meer,
blauer Rosenstrauch aus tobenden Blüten;
und über dem Golf von Penas
der Himmel
und der Albatros,
die Einsamkeit der Luft und ihr Maß,
die schwarze Woge des Himmels.
Und in weiter Ferne,
von Wellen
und Flügeln erschüttert,
Kormorane,
Piqueros und Möwen,
es fliegt das Weltmeer,
die steilstürzenden
Felsen, gepeitscht von der See,
von Vögeln wimmelnd, bewegen sich,
das Licht tritt über die Ufer, ein Schwellen,

gen Nord die Meere quert
des Lebens Flug.

Aber nicht Fluten nur
oder wetterdurchtobte
andinische Kordilleren,
furchtbarer Vögel
Zeugerinnen,
bist du,
o meine schlanke Heimat:
durch deine grünen Arme
gleitet
der morgenhafte Andenstieglitz,
zur Frühmesse eilen,
in ihre winzigen Tücher gehüllt,
zeremonielle Drosseln
und metallische Papageien,
der niedliche
Distelfink von den Stoppelfeldern,
der Queltehue,
der beim Auffliegen
seinen Fächer entbreitet
aus weißem und schwarzem Schnee,
der Canastero und der Matacaballo,
der Goldfink,
der Huilque und der Jacamar,
die Ringeltaube,
der Sperling und der Chirigue,
die kristallinische Goldschleiche,
die sanfte Drossel,
der Fink, der auf dem Faden
reinster Musik tanzt,
der antarktische Schwan, Schiff
aus Silber
und Trauersamt,

das lieblich duftende Rebhuhn
und der Blütensauger phosphoreszierender Blitz.
Im milden Gürtel meines Heimatlandes,
zwischen den zornerfüllten Herrscherreichen
des Vulkans und des Ozeans,
ihr Vögel voll Liebreiz
berührt die Sonne, die Luft,
ihr seid das Zittern einer Schwungfeder im Sommer,
des Wassers am Mittag,
Strahlen aus violettem Licht im Hain,
rundliche Glöckchen,
staubberieselte winzige Flieger,
die heimkehren vom Blütenpollen,
Taucher ins Dickicht der Luzerne.

O Flug des Lebens!

O lebendige Schönheit!

O des Trillers Schwarm!

Vögel Chiles, orkanische
grausame Segler,
o süße kleine
Geschöpfe
der Blumen und Trauben,
eure Nester gründen
der Landschaft duftende Eintracht:
Eure unsteten Leben
sind Himmelsvolk,
das uns singt,
euer Flug
vereinigt des Vaterlands Sterne.

Ode an die Hoffnung

Meerische Dämmerung
inmitten
meines Lebens,
traubengleiche Wogen,
Himmelseinsamkeit,
mich erfüllend,
strömst du über,
das ganze Meer,
der ganze Himmel,
Bewegung
und Weltenraum,
die weißen Bataillone
des Schaums,
die orangegelbe Erde,
der flammende
Gürtel
der sterbenden Sonne,
so viel
der Gaben und Gaben,
Vögel,
die ihren Träumen zufliegen,
und das Meer, das Meer,
verhaltener Duft,
Chor tönenden Salzes,
indessen
wir,
die Menschen,
dem Wasser nah,
kämpfen und hoffen,
dem Wasser nah
hoffen.

Zum Festland sagen die Wogen:
»Alles wird erfüllet werden.«

Ode an das Holz

Ach, soviel ich auch kenne
und immer wieder kenne,
unter allen Dingen
ist meine beste Freundin
das Holz.
Ich trage durch die Welt
an meinem Leib mit mir, in meiner Kleidung
Geruch von Sägemühlen,
roter Bretter Duft.
Meine Brust, meine Stimme,
sie sogen sich in der Kindheit
mit Bäumen voll, die niederstürzten,
mit gewaltigen Wäldern
voll künftiger Bauten.
Ich lauschte, wenn sie einhieben
auf die gigantische
Lärche,
den Lorbeerbaum vierzig Meter hoch.
Axt und Gurt
des winzigen Holzfällers
fällten schnell
ihre stolze Säule,
es siegt der Mensch und hinstürzt
voller Wohlgeruch die Säule,
die Erde erzittert, ein dumpfer
Donner, dunkles Seufzen
der Wurzeln, und da
überflutet die Sinne mir
eine Woge
von Waldesdüften.
Das war in der Kindheit, geschah auf
den feuchten Erden, fern

in der Wildnis des Südens,
auf den grünen,
lieblich duftenden
Archipelen,
vor mir
wurden Balken geschaffen,
schlummernde,
wie Eisen schwer,
Bretter,
helltönend und schmal.
Stählern ihre Liebe singend,
knirschte die Säge,
es heulte die scharfe Schneide,
die metallische Klage
der Säge, die,
einer gebärenden Mutter gleich,
das Brot des Waldes schnitt
und ein Kind zur Welt brachte inmitten
des Lichts
und der Wildnis,
aufreißend das Innere
der Natur,
Schlösser
erschaffend von Holz,
Wohnungen für den Menschen,
Schulen und Särge,
Axtstiele und Tische.
Alles
dort im Walde
lag unter dem feuchten Laub
im Schlaf,
als
ein Mann,
sich gürtend
und die Axt erhebend,

begann,
des Baumes reines
Gepränge zu schlagen,
und dieses
fällt,
Donner und Wohlgeruch stürzen,
damit aus ihnen das Bauwerk
erstehe, die Form,
das Gebäude,
unter den Händen des Menschen.
Dich kenne ich, dich lieb ich,
dich sah ich wachsen,
Holz.
Darum,
so ich dich anrühre,
antwortest du
wie ein geliebter Leib,
du weisest mir
deine Augen und deine Fasern,
deine Knorren, deine Male,
deine Adern,
die reglosen Flüssen gleichen.
Ich weiß,
was sie
singen
mit Windes Stimme,
ich lausche
der stürmenden Nacht,
des Pferdes
Galopp in der Wildnis,
ich rühre dich an, und du,
wie eine spröde Rose,
die nur für mich zum Leben wiedererblüht,
öffnest dich,
den Duft

mir schenkend und das Feuer,
die gestorben schienen.
Unter dem stumpfen Anstrich
ahne ich deine Poren,
erstickt schon, rufst du mich,
und ich höre dich,
fühle
die Bäume
schwanken,
die meine Kindheit überschattet,
sehe
aus dir,
einem Flug von Ozean
und Tauben gleich,
die Schwingen der Bücher fliegen
das Papier
von morgen,
für den Menschen
das reine Papier für den reinen Menschen,
der morgen leben wird
und der heut geboren,
beim Tönen einer Säge,
beim Zerreißen
von Licht, Klang und Blut.
Das ist das Sägewerk
der Zeit,
umsinkt
die dunkle Wildnis, dunkel
ward geboren der Mensch,
es fallen die schwarzen Blätter,
und uns erdrückt das Dröhnen der Schlacht,
das Wort haben zur gleichen Zeit
Tod und Leben;
wie einer Geige entstiegen, erhebt sich
das Lied oder die Klage

der Säge im Wald,
und so ersteht
das Holz
und beginnt seinen Lauf durch die Welt,
bis es der stille Erbauer ist,
vom Eisen zersägt und durchbohrt,
leidend und schirmend
die Wohnstatt
errichtet,
wo täglich
einander begegnen werden der Mann, die Frau
und das Leben.

IV

Fragt mich nicht

Mir ist das Herz schwer
von so vielen Dingen, die ich kenne,
es ist, als trüge ich riesenhafte
Steine in einem Sack
oder der Regen wäre herabgestürzt,
unaufhörlich, in mein Gedächtnis.

Man soll mich nicht danach fragen.
Ich weiß nicht, wovon man spricht.
Ich wußte nicht, was geschehen war.

Auch die anderen wußten es nicht,
und so schritt ich von Nebel zu Nebel,
in der Meinung, daß nichts geschah,
auf der Suche nach Früchten in den Straßen,
nach Gedanken auf den Wiesen,
und das Ergebnis ist folgendes:
daß alle recht hatten
und ich unterdes schlief.
Daher fügen sie meiner Brust
nicht Steine nur, auch Schatten hinzu,
nicht Schatten nur, auch Blut.

So stehen die Dinge, mein Lieber,
und so auch sind die Dinge wiederum nicht,
denn, trotz allem, ich lebe
und meine Gesundheit ist ausgezeichnet,
mir wachsen Seele und Fingernägel,
ich gehe in die Friseursalons,
ich gehe und komm von den Grenzen,
ich fordere Stellungnahme und beziehe Stellung,
wenn man aber mehr wissen will,

so geraten meine Wegweiser durcheinander,
und hört man neben meinem Haus
die Traurigkeit bellen, so ist es Lüge:
die lichte Zeit ist die Liebe,
die verlorene Zeit das Weinen.

So also nach all dem, was ich erinnere,
und nach all dem, was ich nicht im Gedächtnis hab,
nach all dem, was ich weiß und was ich wußte,
nach all dem, was ich auf dem Wege verlor
unter so vielen verlorenen Dingen,
nach den Toten, die mich nicht hörten
und die mich vielleicht sehen wollten,
frage man mich besser nicht:
hier, auf meiner Weste, sollen sie fühlen,
und sie werden erkennen, wie mir ein Sack da
voll dunkler Steine pocht.

Hier leben wir

Ich gehör zu denen, die halb
im Meere leben und der Dämmerung nah,
jenseits dieser Steine.

Als ich herkam
und sah, was dort geschah,
entschied ich mich schnell.

Der Tag hatte sich schon verteilt,
alles war bereits aus Licht
und das Meer kämpfte
wie ein Löwe aus Salz,
mit zahllosen Pranken.

Die uneingeschränkte Einsamkeit dort sang,
und ich, verloren und ungetrübt,
ins Schweigen blickend,
öffnete den Mund und sprach:
»Mutter der schäumenden Wogen,
raumgroße Einsamkeit,
hier werde ich meine eigene Freude gründen,
mein mir eigenes Klagen.«

Von nun an
täuschte nie mehr eine Welle mich,
immer fand ich wesentlichen Himmelsgeschmack
im Wasser, auf der Erde,
und Holz und Meer flammten gemeinsam
während der einsamen Winter.

Dank sage ich der Erde,
weil sie mich erwartet

hatte
zur Stunde, da Himmel und Weltmeer
wie zwei Lippen sich vereinen,
denn es ist nicht wenig, nicht wahr? gelebt zu haben
in einer Einsamkeit und zu einer anderen gelangt zu sein,
sich als Vielfalt zu fühlen und wieder allein zu leben.

Ich liebe jedes Ding,
und unter den Feuern allen
verzehrt nur die Liebe nicht,
daher schreite ich von Leben zu Leben,
von Gitarre zu Gitarre,
und fühle keine Furcht
vor dem Licht noch dem Schatten,
und weil ich fast aus reiner Erde bin,
habe ich Löffel für die Unendlichkeit.

So also kann keiner sich irren
und mein Haus ohne Türen, ohne Nummer nicht finden,
hier zwischen den dunklen Steinen
vor dem Funkeln
des ungestümen Salzes,
hier leben wir, mein Weib und ich,
hier werden wir bleiben.
Hilfe, Hilfe! Steht uns bei!
Helft uns täglich mehr Erde sein!
Helft uns mehr
heiliger Wogenschaum zu sein, mehr den Wogen gleich!

Der Wanderer kehrte zurück

Auf offener Straße fragte ich mich, wo
ist die Stadt? Sie verschwand, ist nicht wiedergekehrt.
Vielleicht ist das dieselbe hier, und sie hat Häuser,
hat Wände, ich aber finde sie nicht.
Es handelt sich nicht um Pedro oder Juan,
nicht um jene Frau noch um jenen Baum,
da doch jene Stadt sich schon vergrub,
in einen unterirdischen Raum geriet,
und eine andere lebt nun – eine andere und nicht
dieselbe –
um die Zeilen der Straßen einzunehmen,
und der Häuser identische Nummern.

Die damalige Zeit, ich verstehe, existiert,
existiert, ich weiß es ja, aber ich begreife nicht,
wie jene Stadt, die voller Blut und Leben war,
die für alle so viel Himmel hatte,
und von deren Lächeln um Mittag
ein Korb voller Pflaumen sich löste,
von jenen Häusern mit dem Duft nach frisch
mit der Säge im Morgendämmern gefälltem Walde,
der weitersang am Wasser
der Sägemühlen in den Bergen,
alles, was ihr und mir gehörte
von der Stadt, von der Transparenz,
hüllte wie ein Geheimnis sich in Liebe ein
und ließ sich ins Vergessen fallen.

Jetzt, wo ich stehe, sind andere Leben da,
eine andere Ursache, um zu sein, und eine andere
Festigkeit:

alles recht gut, doch weshalb lebt es nicht?
Aus welchem Grund schläft jener Duft?

Warum verstummten jene Glocken
und sagte der hölzerne Turm leb wohl?

Womöglich stürzte Haus um Haus
die Stadt in mich, mit den von der leichten
Feuchte, vom Zeitenverlauf zerstörten Schenken,
stürzte in mich das Blau der Apotheke,
das angehäufte Korn, das Hufeisen,
das vor dem Sattlergeschäft da herabhing,
und in mich fielen Menschenwesen hinab, die wie in
einem Brunnen das dunkle Wasser suchten.

Damaliges Ich, an das ich mich wende, zu dem ich
hergekommen bin.
Sie, die ich unter dem Pflaumenbaum im heftigen
Sommer liebte, jene Schöne,
die unter dem Mond wie ein Beil erglänzte,
die mit Augen, welche
wie Säure das Metall des Schutzlosen zerfraßen,
sie ging davon, ging ohne davonzugehn davon,
ohne Haus noch Grenze zu wechseln,
ging sie in sich selber davon,
sie sank in die Zeit,
und sank nicht in die meine zurück,
als sie ihre Arme vielleicht öffnete,
die meinen Leib umschlangen, und die mich rief
in der langen Dauer, vielleicht, so vieler Jahre,
während ich an anderer Ecke des Planeten
in mein unterschiedliches Alter versank.

Ich werde zu mir selber eilen, um einzutreten,
zurückzukehren in die verlorene Stadt.

In mir muß ich die Abwesenden finden,
jenen Duft der Holzlager,
weiter wächst in mir vielleicht
das Korn, das am Berghang wogte,
und in mir selber muß ich wandern, jenes Mädchen zu suchen,
das der Regen entführt hat, und es gibt kein anderes Mittel,
anders wird nichts wieder leben,
ich selber muß jene Straßen hüten
und irgendwie entscheiden,
wo die Bäume zu setzen sind, von neuem.

Es gibt kein reines Licht

Es gibt weder reines Licht
noch Schatten in den Erinnerungen:
sie wurden schwarzbleiche Asche
oder schmutziges Straßen-
pflaster, von der Leute Füße beschritten,
die unaufhörlich vom Markt herkamen und zu ihm
gingen.

Und andere sind: Erinnerungen, die immer noch was
fressen wollen,
mit Zähnen eines ungesättigten Raubtieres,
Sie suchen, nagen den letzten Knochen ab, verschlingen
jenes lange Schweigen von dem, was übrigblieb.

Und alles blieb zurück, Nacht und Morgenröte,
der Tag, wie eine Brücke aufgehängt zwischen Schatten,
die Städte, die Häfen der Liebe und der Groll,
als wäre in den Laden der Krieg eingetreten
und hätte die Waren eine um die andere fortgeschleppt,
bis zu den leeren Fächern
durch die zerbrochenen Türen der Wind gekommen
und hätte des Vergessens Augen tanzen lassen.

Daher kommt mit kleinem Feuer des Tages Licht hervor,
die Liebe, der Duft eines fernen Nebels,
und Straße um Straße kehrt ohne Fahnen zurück die
Stadt,
um zuinnerst zu pochen vielleicht und im Rauch zu leben.

Gestrige Stunden vom Faden
eines Lebens durchquert wie von einer blutigen Nadel
zwischen den stets verworfenen Entschlüssen,

der unendliche Schlag des Meeres und des Zweifels
und der Herzschlag des Himmels und seiner Jasmine.

Wer bin ich? Er, der nicht zu lachen
verstand und an reiner Trauer starb?
Jener, der die Schelle und die Nelke des Festes
stützte, indem er den Katheder der Kälte stürzte?

Ist spät, spät ist. Und ich bleibe. Daure mit einem
Beispiel
nach dem anderen, ohne zu wissen, was die
Nutzanwendung,
denn von so vielen Leben, die ich hatte, bin ich weit
und bin, bin zugleich jener Mann, der ich war.

Vielleicht ist dies das Ziel, die geheimnisvolle Wahrheit.

Das Leben, die stete Folge einer Leere,
die mit Taglicht und Dunkel füllen dies Gefäß,
und begraben wurde der Glanz wie ein antiker Fürst
im eigenen Leichentuch aus schwächlichem Erz,
bis wir endlich so verspätet sind, daß nicht wir sind:
Sein und Nichtsein machen das Leben aus.

Von dem, was ich war, habe ich diese grausamen Male
nur,
denn jene Schmerzen bestätigen mein Dasein.

Umstürze

Würdenträger stürzten
gehüllt in ihre Toga
aus wurmstichigem Morast,
namenlose Völker erhoben Lanzen,
rissen die Mauern nieder,
nagelten den Tyrannen an seine Türen von Gold
oder sie strömten einfach
in Hemdsärmeln
zu einer kleinen Versammlung
in Fabrik, Grube oder Büro.
Dies waren
die
zwischenzeitlichen
Jahre:
es stürzte Trujillo mit seinen goldenen Backenzähnen
und in Nikaragua
verblutete ein Somoza
von Schüssen
durchbohrt, in seinem schlammigen Wassergraben,
auf daß nach jener toten Ratte
wiederum aufstiege wie ein Fieberschauer
ein andrer Somoza oder Ratte,
die nicht so lange dauern wird.
Ehre und Schande, widersprüchliche Winde
der schrecklichen Tage!
Von einem noch verborgenen Ort brachten sie
dem Dichter
einen dunklen Lorbeerzweig
und erkannten ihn an:
er zog durch die Dörfer
mit seiner Trommel aus hellem Leder,
mit seiner steinernen Trompete.

Bauern mit halbgeschlossenen Augen,
die blindlings im Dunkel lernten
und den Hunger lernten wie einen heiligen Text,
blickten auf den Dichter der da
Vulkane querte, Gewässer, Dörfer und Ebenen,
und sie wußten wer er war:
sie schützten ihn
unter
ihrem Laubwerk.
Der Dichter
war mit seiner Lyra dort
und seinem im Gebirg von einem duftenden Baum
geschnittenen Stecken
und je mehr er litt
je mehr begriff
besang jener Mann:
er hatte die menschliche Familie
gefunden,
seine verlorenen Mütter,
seine Väter,
die endlose Zahl
der Ahnen, ihre Söhne,
und so gewöhnte er sich
tausend Brüder zu haben.
So fühlte sich ein Mensch nicht einsam.
Und außerdem mit seiner Lyra,
seinem Stock aus dem Wald
am Ufer
des zahllosen Flusses
er netzte die Füße
zwischen den Steinen.
Niemand ging vorüber oder niemand schien
vorüberzugehn:
es sei denn das Wasser, das hinzog
in sich selber gleitend,

von seiner Transparenz her
singend:
der Wald umgab ihn
mit seiner Eisenfarbe:
dort war der reine Punkt,
das blaueste Blau, das reglose Zentrum
des Planeten
und er dort mit seiner Lyra
zwischen den Felsblöcken
und dem rauschenden
Wasser,
und nichts als das weite zeitlose
Schweigen,
der Pulsschlag, die Macht
der Natur
und dennoch
war er ausersehen für eine große Liebe,
eine zornerfüllte Ehre.
Hervortrat aus den Wäldern er
und den Wassern:
und mit ihm zog in Schwerteshelle
die Flamme seines Gesangs.

Stelldichein mit dem Winter

I

Ich habe diesen Winter erwartet wie kein Winter sonst
erwartet wurde von einem Menschen vor mir,
alle hatten Stelldicheins mit dem Glück:
ich allein erwartete dich, dunkle Stunde.
Ist diese wie jene alle von einst, mit Vater und Mutter,
mit Kohlenfeuer
und einem Pferdegewieher in der Straße?
Ist dieser Winter wie der des kommenden Jahrs,
der des völligen Aufgehens in totale Kälte,
und die Natur weiß nicht, daß wir verschwanden?
Nein. Ich begehrte die von einem
großen reinen Regengürtel umringte Einsamkeit,
und hier an meinem eigenen Ozean bin ich im Wind
wie ein Vogel, fliegend zwischen zwei Zonen Wassers.
Alles war bereit, daß der Himmel weine.
Der fruchtbare Himmel mit einem einzigen sanften Lid
ließ seine Tränen wie eisige Schwerter fallen
und riegelte wie ein Hotelzimmer
die Welt ab: Himmel, Regen, Raum.

II

O Mittelpunkt, o Gefäß ohne Erstreckung und Ende!
O himmlisches Herz des ausgegossenen Wassers!
Zwischen der Luft und dem Sand tanzt und lebt
ein Körper, ausersehen,
seine durchscheinende Nahrung zu suchen,
während ich komme und hineingehe mit Hut
und aschgrauen Stiefeln,
die verbraucht sind vom Durst der Wege.
Niemand ist gekommen
zu der einsamen Zeremonie.

Ich fühle mich kaum allein,
jetzt, da die Reinheit sichtbar ist.
Ich weiß, daß bodenlos ich bin wie der Brunnen,
der als Kinder uns mit Schrecken erfüllte,
und daß ich von Traurigkeit umringt
und dem Zucken der Zeiger
mit dem Winter rede,
mit der Herrschaft und der Macht
seines schweifenden Elements,
mit der Weite und dem Gesprenkel
seiner späten Rose,
bis bald kein Licht mehr ist
und unter dem Dach
des finstren Hauses
ich weiterhin, ohne daß jemand Antwort gibt,
sprechen werde mit der Erde.

III
Wer wünscht sich keine harte Seele?
Wer in der Seele handhabte keine Schneide?
Wenn bei wenig Sicht wir den Haß gewahrten,
und beim Beginn zu gehen wir strauchelten,
und beim Liebesversuch wir aufhörten zu lieben,
und beim bloßen Berühren wir verwundert wurden,
wer tat da nicht etwas, um seine Hände wehrhaft zu machen
und um zu bestehen, hart zu werden
wie das Messer und um die Wunde zu vergelten?
Der Empfindsame strebte nach Härte,
der Zarteste verlangte den Degengriff,
er, der nichts weiter wollte, als daß man ihn liebe,
ganz selten nur, mit einem halben Kuß,
ging hochmütig vorüber, ohne sie anzuschaun,
die ihn offensichtlich und unglücklich erwartete:
da war nichts zu machen: von Straße zu Straße

man richtete Maskenmärkte ein,
und der Händler probierte jedem
ein Nacht- und Tigergesicht an,
eins der Härte, der Tugend, des Vorfahrs,
bis der Vollmond aus war
und in der lichtlosen Nacht wir einander glichen.

IV

Ich besaß ein Gesicht, das ich im Sand verlor,
ein bleiches Papier des Kummers,
und es war nicht leicht, die Haut der Seele zu wechseln,
bis wirklich ich zum ersten Male war,
um dieses traurige Recht zu erobern:
den Winter zu erwarten, zeugenlos.
Auf eine Woge zu warten unter dem Flug
des rostigen Seekormorans,
in völliger, wieder heiler Einsamkeit.
Zu warten und zusammenzutreffen mit einem Zeichen
von Licht, von Trauer
oder nichts:
das, was mit Mühe wahrnimmt meine Vernunft,
meine Unvernunft, mein Herz, meine Zweifel.

V

Jetzt hat das Wasser schon soviel Zeitenfülle,
daß es jung ist, das alte Wasser entfloh,
um seinen Kristall zu zerbrechen an anderem Leben,
und auch der Sand fing nicht die Zeit
ein, anders ist das Meer und seine Haut,
die Identität verlor den Spiegel,
und indem wir auf dem Wege uns verwandelten,
wuchsen wir.

VI
Winter, such mich nicht. Ich bin fort.
Ich befinde mich hernach in dem, was da kommt
und den feinen Regen entfalten wird,
die Nadeln ohne Ende, die Vermählung
der Seele mit den nassen Bäumen,
die Asche des Meeres, das Platzen
einer goldenen Kugel im Laub
und meine so späten Augen,
einzig besorgt um die Erde.

VII
Nur um Erde, Wind, Wasser und Sand,
die mir völlige Klarheit verliehen.

Patagonien

Rauher Himmelsstrich,
äußerster Süden des Meeres:
ich lief
die Borde entlang,
Füße und Finger kalt
vom Planeten,
von oben herab
hartdüsteres Blicken,
starrsinnige Berge und verlassener Schnee,
Kuppeln der Leere,
sah,
wie ein Band, das sich
unter eisernen Flügeln entrollt,
die Feindseligkeit
der Natur.

Hier, Gipfel aus Dunkel,
Schneegestöber,
und der unendliche Stolz,
der die Einsamkeiten
erstrahlen läßt,
hier, bei einer Zusammenkunft
mit Wurzeln
oder nur bei des Sturms Gewalt
muß ich geboren sein.

Ich muß gewahr werden, habe reine Pflichten
durch diese verworrene Helle,
und auf mir lastet der Raum in der Vergangenheit,
als wäre meine geringe menschliche Geschichte
mit Unterbrechungen geschrieben worden im Schnee,
und ich entdeckte jetzt

meinen eigenen Namen, mein urwildes Erstaunen,
des Lebens vulkanische Gestalt.

II
Das Vaterland enthüllt sich
Blütenblatt um Blütenblatt
unter den Lumpen,
denn aus solcher Einsamkeit entnimmt der Mensch
nicht Blume noch Fingerreif noch Hut:
er fand auf diesen Hochöden
die Sprache allein
der Schneegestöber,
die Zähne des Schnees,
den ungestümen Zweig
der Flüsse.
Mir aber geben
diese Berge,
der unwirsche Friede,
der Leib des wie ein
zersplitterter Spiegel
zerteilten Mondes
Ruhe.

Von oben her liebkos ich
die eigene Haut, meine Augen,
meine Traurigkeit,
und in der eigenen Erstreckung erkenn ich das Dunkel:
mein mir zugehöriges Patagonien:
Ich stamme aus den harten Konflikten,
von irgendeinem unermeßlichen Stern,
der, mich zerstörend, niederging
und ich bin nur eine versehrte Wurzel
des garstigen Landstrichs:
mich verbrannte der zyklonische Schnee,
die Splitter des Eises,

die Hartnäckigkeit des Winds,
die helle Grausamkeit, die Nacht rein und hart
wie ein Dorn.
                    Ich fordre
von der Erde, vom Geschick
dieses Schweigen,
das mir zukommt.

Die Masken

Habt Erbarmen mit diesen Jahrhunderten und mit
denen, die glücklich
oder geschunden sie überlebten; was wir nicht schafften,
war niemandes Schuld, es fehlte am Stahl,
wir verbrauchten ihn für so viel nutzlose Zerstörung,
für die Bilanz besagt dies alles nichts:
die Jahre litten an Pusteln und Kriegen,
hinfällige Jahre, wo die Hoffnung
auf dem Grund der feindlichen Flaschen zitterte.
Na schön, reden wir also mal, oder manchmal,
mit einer Schwalbe, so daß niemand lauscht:
ich schäme mich, wir haben die Scheu von Witwern:
es starb die Wahrheit, sie ist verwest in so viel Gräbern:
erinnern wir uns lieber an das, was geschehen wird:
im großen Hochzeitsjahr gibt es keine Geschlagenen:
setzen wir uns doch alle Siegermasken auf.

Verzeiht, wenn durch meine Augen . . .

Verzeiht, wenn durch meine Augen
nicht mehr Helligkeit drang als der Meeresgischt,
verzeiht, denn mein Raum
dehnt sich ungeschützt aus
und nimmt kein Ende:
eintönig ist mein Lied,
mein Wort ist ein düsterer Vogel,
Fauna von Fels und Meer, die Trostlosigkeit
eines winterlichen, unverderblichen Planeten.
Verzeiht die endlose Folge von Wasser,
Klippe und Gischt, das launische Hin und Her
von Ebbe und Flut: so ist meine Einsamkeit:
jähen Schwalls schmettert Salz gegen die Mauern
meines geheimen Seins, so daß ich
selbst ein Teil
des Winters bin,
der Weite, die sich wiederholt
von Glocken- zu Glockenklang im Wogengang,
Teil eines Schweigens, mähnenschwer,
ein Algenschweigen, versunkenes Lied.

V

Nobelpreisrede (Fragment)

Heute vor genau hundert Jahren schrieb ein armer und glänzender Dichter, der grimmigste aller Verzweifelten, diese Prophezeiung: »A l'aurore, armés d'une ardente patience, nous entrerons aux splendides Villes. – In der Morgenfrühe, gewappnet mit glühender Geduld, werden wir in die strahlenden Städte einziehen.«

Ich glaube an diese Verheißung von Rimbaud dem Seher.

Ich komme aus einer dunklen Provinz, aus einem Land, das die schroffe Geographie abgeschnitten hat von allen anderen. Ich war der verlassenste aller Dichter, und meine Dichtung war regional, voller Schmerz und voller Regen. Aber ich hatte immer Vertrauen zum Menschen. Nie habe ich die Hoffnung verloren. Deshalb bin ich vielleicht bis hierher gekommen mit meiner Poesie, und auch mit meiner Fahne.

Zum Schluß muß ich den Menschen guten Willens, den Arbeitern, den Dichtern sagen, daß die ganze Zukunft in diesem Satz von Rimbaud ausgedrückt ist: nur mit einer *glühenden Geduld* werden wir die *strahlende* Stadt erobern, die allen Menschen Licht, Gerechtigkeit und Würde schenkt.

So wird die Dichtung nicht vergeblich gesungen haben.

Nachbemerkung

Neruda hat wiederholt darauf hingewiesen, wie eng sein Erlebnis der Natur mit der Entwicklung seiner Dichtung und seiner Auffassung der Welt zusammenhängen.
Diese Anthologie ist – abgesehen von wenigen Ausnahmen im ersten Teil – chronologisch geordnet; sie zeigt, wie nach und nach die unterschiedlichsten Regionen Chiles Eingang in die Gedichte finden. Sie erlauben uns aber auch, die verschiedenen Momente in der Darstellung und im Erleben der Natur, wie sie sich im breit angelegten Werk Nerudas zeigen, zu erfassen.

Der erste Teil dieser Auswahl enthält Gedichte, die sich auf den Süden Chiles beziehen. Dort verbrachte der Dichter seine Kindheit und Jugend. Diese Region wurde La Frontera (das Grenzland zwischen spanischstämmigen Kreolen und Ureinwohnern) genannt und befand sich zu Beginn des Jahrhunderts mitten im Prozeß der Eingliederung in die noch junge Republik.
Unter den Kolonisatoren befindet sich auch Nerudas Vater, der als Lokomotivführer nach Südchile gekommen ist. In seinen Memoiren erinnert sich der Dichter daran, daß er seinen Vater oft auf seinen Reisen durch fast unbewohnte Gebiete begleitete. Viele der Gedichte im ersten Teil, die in der Reifezeit Nerudas entstanden sind, geben eine Vorstellung vom Staunen des Kindes, als es den undurchdringlichen Urwald, die riesigen Vulkane, den beständig niedergehenden Regen und das Meer entdeckte. Aber zugleich vermitteln uns diese Gedichte, wie ein Kind die Verwandlung dieser Natur durch Arbeit in einen menschlichen Lebensraum erfährt.
In diesem Teil sind auch Gedichte aufgenommen, die Neruda mit 20 Jahren schrieb. In ihnen ist die Natur des

Südens nicht nur ein grandioser Schauplatz für die Leidenschaften der Liebe, die den jungen Dichter verzehren und verzweifeln lassen. Die Liebe ist eine Äußerung der Natur, welche, trotz aller gesellschaftlichen Bestimmungen, die materiellen Grenzen aufzeigt, in denen sie sich verwirklichen läßt. Der Mensch, ein Teil der Natur, tritt so in Widerspruch zu sich selbst.
Im Jahre 1921 kam Neruda in die Hauptstadt Santiago de Chile, um an der Universität Literatur zu studieren. In dem Gedicht *Der Nachtzug* werden die Eindrücke angesprochen, die dieser Wechsel bei dem jungen Dichter hinterließ: von der Region des nie enden wollenden Regens hin zu wolkenlosen Himmeln, von Weizenfeldern und Wäldern zu den Weinhängen und Obstgärten Mittelchiles, von den Holzhäusern zu den Lehm- und Ziegelhäusern und von neu entstehenden Ortschaften hin zu Städten mit Vergangenheit.

Die Gedichte im zweiten Teil – zwischen 1925 und 1935 entstanden – sind ein bewegendes Zeugnis vom Leben in der Großstadt, von der fortschreitenden Entfremdung des Dichters zu sich selbst, zu seinen Mitmenschen und zur Natur. Die Unterwerfung unter die gesellschaftliche Entfremdung läßt ihn den Gegensatz von gesellschaftlich bestimmten Zeitabläufen und der zeitlichen Dimensionierung des eigenen Lebens als einer Abfolge unproduktiver Momente, als einer Anhäufung bruchstückhafter Tätigkeiten ohne Sinn und vor allem, als ständige Wiederholung ohne Möglichkeit zur Veränderung, wahrnehmen. Seine nahe Beziehung zur Natur wird jäh unterbrochen, aber immer noch tauchen sporadisch – im Traum, in Halluzinationen, in Erinnerungen – Bilder seines »gestörten Ursprungs« auf.
Neruda entflieht dieser scheinbar stagnierenden Situation und nimmt eine Stellung als Honorarkonsul am

anderen Ende der Welt an: in verschiedenen englischen und holländischen Kolonien im Fernen Osten. Dort – inmitten völlig fremder Kulturen, mißtrauisch beäugt von den fürchterlichen Kolonialbeamten – versinkt er in abgrundtiefe Einsamkeit und Verzweiflung. Das Klima der Tropen verschlimmert noch seine Vision von einer Wirklichkeit, die sich unaufhörlich auflöst. Trotzdem versteht Neruda die Natur weiterhin als materielle Grundlage für jede menschliche Existenz.
Neruda kehrt 1932 nach Chile zurück. *Das Gespenst des Frachtschiffs* stellt kontrapunktisch der Vision einer heruntergekommenen Gesellschaft, in der sich der Dichter fremd fühlt, die Wasser des Ozeans gegenüber, die das Schiff mit Rostfraß überziehen, aber zugleich auch reinwaschen. Das Sein des Menschen ist dem Wesen nach zeitlich und wird durch seine natürliche Grundlage bestimmt, die ihm äußerlich geworden ist. Die Landschaften Südchiles werden wieder zum Thema seiner Dichtung. Aber nun bieten sie dem Dichter keinen Schutz mehr. *Zugang zum Holz* bringt erneut die trostlose Empfindung der Zugehörigkeit zu einer Natur zum Ausdruck, die den einzelnen unterwirft und zerstört.

Die Gedichte im dritten Teil entsprechen einer Periode im literarischen Schaffen Nerudas, die unter dem Schock des spanischen Bürgerkrieges (1936–1939) steht und bis zur Zeit des Kalten Krieges dauert. In *Vereinigung unter neuen Bannern* entdeckt er den Menschen als ein gesellschaftliches, ein politisches Wesen und proklamiert seinen Willen zu engagierter Poesie, d. h. zu einer Poesie, die zur Veränderung der ungerechten Lebensbedingungen beiträgt. Ein Besuch der Ruinen von Macchu Picchu im Jahre 1943 ist entscheidend für die Verwirklichung von Nerudas Projekt, ein ausgedehntes Werk zu schreiben, in dem die reiche Natur der Neuen Welt und die

Kämpfe der amerikanischen Völker für ihre Unabhängigkeit dargestellt werden. *Die Höhen von Macchu Picchu* – eines der Schlüsselgedichte von Neruda – bringt das Wiederfinden seiner amerikanischen Wurzeln zum Ausdruck und das Wiederentdecken von Gemeinwesen, die mit ihrem natürlichen Umfeld organisch verbunden sind, die aber dennoch von Ungerechtigkeit beherrscht werden. (Deshalb wurde, obwohl diese Überreste der Inka-Kultur in Peru liegen, eine Auswahl aus dem Gedichtzyklus auch in diesen Band aufgenommen.)

Die Höhen von Macchu Picchu wurde danach in eines der bedeutendsten und berühmtesten Bücher Nerudas aufgenommen: den *Großen Gesang*, 1950 während der mexikanischen Exilzeit des Dichters veröffentlicht. Der erste und der vorletzte Abschnitt dieses Werkes sind im wesentlichen Naturdarstellungen gewidmet. Neruda zeigt die Größe und die Pracht der amerikanischen Natur, ihr unverdorbenes Wesen, vor der spanischen Eroberung, vor ihrer Eingliederung in die moderne Welt. Die Natur ist hier nicht nur Schauplatz der Geschichte oder simples Reservoir für Materialien, Bodenschätze, die ohne Maß und Ziel ausgebeutet werden, sondern materielle Grundlage, Humus für die Entwicklung einer ökologischen Kultur, die den legitimen Bedürfnissen der Menschen angemessen ist. Das Naturpanorama Chiles erstreckt sich bis zu den Wüsten des Nordens, ihrer uferlosen Einöde, aber auch als Ausbeutungsenklave. *Der Große Ozean* ist das erste Gedicht eines Zyklus, in dem der Pazifik in die Neue Welt eingegliedert und die Natur als ein Kraftfeld dargestellt wird, das Energie hervorbringt, erschöpft und unablässig erneuert.

Die Früchte der Erde kann als Vorgriff auf eine *glückschwelgende* Vision von Gesellschaft und Natur verstanden werden, die in den verschiedenen Oden-Sammlungen auftaucht, die Neruda seit 1954 veröffentlicht. In diesen Oden wird der Leser einbezogen in den vielseitigen festlichen Genuß des Lebens und der Welt. Gleichfalls werden einfache Dinge des Lebens besungen: die Artischocke, die Zwiebel, die Fischsuppe, eine auf der Erde liegende Kastanie, das Öl, die Tomate. In diesen Oden wird die Natur in ihren positiven Dimensionen für den Menschen gesehen, als Quelle für Rohstoffe und Nahrung, in ihrem Nutzen für das derzeitige Leben und den Aufbau einer neuen Gesellschaft, die auf der Solidarität und der Zugehörigkeit des Menschen zur Erde gründet.

Die Enthüllungen der stalinistischen Verbrechen im Jahre 1956 führten Neruda – zusammen mit der schwierigen politischen Situation in Lateinamerika vor der kubanischen Revolution – zu einer tiefgreifenden Revision seiner Dichtung, seines Lebens und seiner politischen Auffassung. Er verfiel keinem Pessimismus oder Skeptizismus, wie voreilige Kritiker Nerudas behaupteten. Für Neruda jedoch wurde es offensichtlich, daß die Auffassung der Geschichte als eine unerbittliche Entwicklung in Etappen nach objektiven Gesetzen, eine unhaltbare Illusion war. Das Subjekt in seinen Gedichten verliert seine prophetische und allwissende Haltung, die es früher oft eingenommen hat. Weder in der Geschichte, in der Natur, noch in sich selbst war es möglich, unmittelbar die Totalität zu erfassen. Das Bild vom Netz taucht erneut in seiner Dichtung auf, aber jetzt »zählt auch die Luft, die aus den Netzen entweicht«. Das Subjekt selbst wird wieder zum *integrierenden* Bestandteil der widersprüchlichen Wirklichkeit. Das Subjekt ist gesellschaftlich, aber trotzdem fühlt es sich vereinsamt. Seine Vision von der Natur gewinnt ihre fremde, undurchdringliche Dimension zurück, die paradoxerweise für den Menschen hautnah spürbar und erfüllbar wird, und zwar als einzige materielle Grundlage, von der aus versucht werden kann, die Geschichte zu verändern. Der Zusammenhang jedoch, in dem diese schlichte utopische Botschaft auftaucht, belegt erneut den profunden Materialismus, zu dem die Spätdichtung Nerudas vorgestoßen ist. Hierin liegt ein entscheidender Beitrag zur Entfaltung der konkreten Einbildungskraft, in der die Möglichkeit einer gerechten Gesellschaft vorweggedacht wird.

Federico Schopf

Die Quellen

Die Gedichte wurden den Bänden entnommen:
Pablo Neruda, »Um geboren zu werden«, hrsg. von Karsten Garscha, Luchterhand, Darmstadt, 1980.
Pablo Neruda, »Memorial von Isla Negra«, Volk und Welt, Berlin/DDR, 1976. © 1984 by Luchterhand Verlag, Darmstadt.
Pablo Neruda, »Liebesgedichte«, Luchterhand, Darmstadt, 1977.
Pablo Neruda, »Der Große Gesang«, in: Das lyrische Werk, Band 1, Luchterhand, Darmstadt, 1984.
Pablo Neruda, »Aufenthalt auf Erden«, Luchterhand, Darmstadt, 1984.
Pablo Neruda, »Elementare Oden«, Volk und Welt, Berlin/DDR, 1975. © 1984 by Luchterhand Verlag, Darmstadt.
Pablo Neruda, »Extravaganzenbrevier«, Luchterhand, Darmstadt, 1984.
Pablo Neruda, »Letzte Gedichte«, Luchterhand, Darmstadt, 1975.

© Luchterhand Verlag, Darmstadt: Abb. S. 4 und 116
© Federico Schopf, Frankfurt/M.: Abb. S. 8, 12, 30 und 42
© Willy Petry, Köln: Abb. S. 16
»Viaducto de Malleco« aus: »Paisaje de Chile«, Santiago, 1982.
Fotograf: Jack Ceitelis, Santiago, Abb. S. 18
»Río Petrohué« aus: »Paisaje de Chile«, a. a. O.
Fotograf: Jack Ceitelis, Santiago, Abb. S. 24
aus: »Geografía de Pablo Neruda«, Ayma S. A. Editora, Barcelona.

Fotografen: Sara Facio und Alicia D'Amico, Abb. S. 34 und 76
© Eugenio Urrutia, Frankfurt/M.: Abb. S. 38
© Helmut Schnieder, Buchholz-Trelde: Abb. S. 46, 66, 82, 96, 102 und 108
»Taberna de pueblo chico« aus: »Chile«, Storandt, Silva y Cia, Santiago, Abb. S. 48
aus: »Alturas de Macchu Picchu«, Editorial Losada S. A., Buenos Aires.
Fotograf: Graziano Gasparini, Abb. S. 56
aus: Heynowski & Scheumann, Peter Hellmich, »Anflug auf Chacabuco«, Verlag der Nation, Berlin/DDR, Abb. S. 72